Femme
Plus

L'ESPOIR DÉTROMPÉ

Données de catalogage avant publication (Canada)
Thivierge, Jacques, 1942-
Espoir détrompé : réflexion d'un sorcier qui ne croit
pas à la sorcellerie
ISBN 2-920718-33-9
1. Enfants inadaptés. 2. Counseling – Santé.
3. Counseling – Santé mentale. 4. Parents d'enfants
inadaptés – Counseling. I. Titre.
HQ773.T54 1991   305.9'087   C91-096342-8

© Art Global, inc., 1991
1009, avenue Laurier ouest
Montréal (Québec)
H2V 2L1

Dépôt légal : 2ᵉ trimestre 1991
ISBN 2-920718-33-9

Dr JACQUES THIVIERGE

L'ESPOIR DÉTROMPÉ

ART GLOBAL
MONTRÉAL

Je remercie ma compagne Edith
pour m'avoir si souvent écouté et éclairé
de ses regards sur les choses au cours de toutes ces années,
ainsi que mon amie Jeannine Rheault-Gagnon.
Je désire également exprimer ma gratitude aux personnes
suivantes pour leur amicale collaboration:
André Beauséjour, Fernande Thivierge,
Chantal Caron, Monelly Radouco-Thomas,
Michel Maziade, Yvon Milliard,
Stéphanie Béliveau, Pierrette Boutin,
Marthe Descareaux, André Kaltenbach,
Renée Bergeron,
mes fils François, Richard, Yves et Jacques
et à la Société québécoise de l'Autisme.

«Il n'est pas nécessaire d'espérer
pour entreprendre.»
— Guillaume d'Orange

Prologue

Ce volume traite d'un phénomène qui est vieux comme l'homme : la fabrication de la réalité. Essentiellement, l'homme est un animal qui, pour sa plus grande gloire, ou son plus grand malheur, s'obstine à fabriquer du réel. C'est là un sort auquel notre cerveau nous condamne et auquel nous ne pouvons échapper, un jeu qui nous entraîne inéluctablement dans ses conséquences. Ces pages tentent de retracer les implications de ce jeu pour les parents en regard des fréquentes interrogations et incertitudes qui les assaillent au sujet du développement de leurs enfants.

Au fil de la vie quotidienne, l'existence même de ce processus de fabrication du réel et du jeu dans lequel il nous plonge, demeure assez caché. La raison en est que dans notre vie quotidienne, nous en venons naturellement à tenir ce réel pour acquis, sans trop y réfléchir; de ce fait, ce réel devient pour nous un peu ce que l'eau est au poisson : comme le poisson est constamment dans l'eau, il est curieusement le seul animal sur terre à ne pas se sentir mouillé. Cependant, nous baignons dans les eaux des réalités fabriquées et, parfois, il devient important pour nous d'en prendre conscience.

Être parent constitue une expérience pour le moins considérable. Elle nous soumet, pendant des années, à un mélange sans cesse renouvelé et modifié d'espoirs, de déceptions, de joies et d'inquiétudes. Elle nous contraint à des questions et à des décisions. Est-il normal que mon enfant ne marche pas encore à treize mois? Est-il normal que mon enfant soit si tranquille? Est-il normal qu'il soit si agité? Est-il normal qu'il n'ait pas d'amis? Est-il normal qu'il soit tant dans la lune? Est-il normal qu'au secondaire il n'ait pas plus d'intêret pour l'école? Est-il normal que ma fille soit si angoissée de ne pas avoir d'ami? Est-il... Est-il... Et pour répondre à ces questions, toujours un peu inquiétantes lorsqu'il s'agit de nos propres enfants, nous interrogeons nos amis ou nos parents. Dans notre milieu, nous trouvons des façons communément acceptées de répondre à nos interrogations. Et lorsque les problèmes et les inquiétudes persistent, nous avons recours aux spécialistes soit de l'éducation, soit du développement.

Un jour, un enseignant projeta à plusieurs équipes de deux élèves une série de photos représentant des cellules et leur demanda de distinguer les cellules normales des cellules pathologiques. Aucun d'eux n'avait de connaissance particulière à ce sujet. Appelons le premier élève de chaque couple «A» et le deuxième, «B». Lorsque «A» fournissait sa réponse, l'enseignant lui donnait une indication exacte sur la véracité de sa réponse; par exemple, lorsque l'élève «A» disait « normal » à une cellule normale, l'enseignant lui envoyait l'indication « vrai ». Résultat? Très rapidement, les élèves A ont appris à distinguer correctement les cellules normales des cellules pathologiques. Quant aux élèves B, qui voyaient simultanément les mêmes cellules que les élèves A, l'enseignant, indépendamment de leur jugement sur une cellule, leur envoyait systématiquement la même indication de vrai ou de faux qu'aux élèves A pour la même cellule. Par exemple, les A jugeaient la cellule pathologique alors qu'elle était normale et recevaient de l'enseignant une indication «faux»; les B jugeaient cette cellule normale, mais recevaient également l'indication «faux». À cause de cela, les B apprirent beaucoup moins bien que les A à distinguer les cellules normales des cellules pathologiques. Que se passa-t-il lorsqu'à la fin de la série de photos l'enseignant demanda aux élèves d'identifier les éléments par lesquels ils en arrivaient à reconnaître les cellules normales des cellules pathologiques? Les élèves A donnèrent des réponses simples et concrètes, les élèves B, des réponses compliquées et subtiles. Au cours de la discussion entre les élèves et l'enseignant, non seulement les A n'osèrent-ils pas qualifier d'un peu absurdes et d'inutilement compliquées les explications des B, mais ils se montrèrent véritablement impressionnés par la perspicacité de leurs observations de même que par la profondeur et la brillance de leurs arguments. Lorsque l'enseignant les avisa qu'une nouvelle série de photos allait leur être présentée et qu'il leur demanda lesquels d'entre eux, à leur avis, réussiraient le mieux à distinguer les cellules avec succès, tous les B votèrent pour eux-mêmes et la majorité des A pour les B. Le nom de cet enseignant était Alex Bavelas. Quel est le rapport de tout ceci avec l'éducation des enfants?

PROLOGUE

Éduquer un enfant est une tâche infiniment plus
difficile que celle d'apprendre à distinguer des cellules pathologiques de cellules normales. Pour ce
faire, nous aimerions bien pouvoir également disposer d'un enseignant qui nous fournisse des indications relativement à la véracité de nos jugements.
Il nous plairait en fait d'être dans la situation des
élèves A. Parfois, dans nos angoisses, nous nous
convainquons que nous sommes dans la situation
de ces derniers et qu'il existe, effectivement, autour
de nous des gens qui, en raison de leur expérience
et de leur science, peuvent nous guider avec sûreté.
La plupart du temps cependant, notre situation
réelle se rapproche davantage de celle des élèves
B ; les indications que nous recevons au sujet de
nos jugements sont instables, variant d'une personne à l'autre, d'un spécialiste à l'autre. Comme
nos interrogations ont des implications très importantes, nous aspirons à plus de stabilité et il est
probablement naturel de la rechercher dans les
façons communes qu'ont les gens d'envisager les
choses. Nous avons tendance à considérer que
celles-ci constituent la réalité. Souvent nous ne
soupçonnons pas que cette «réalité» des choses,
pour convaincante qu'elle puisse paraître parfois,
repose sur des indications instables et contradictoires de la vraie réalité, tout comme le discours de
l'élève B. C'est lorsque les situations sortent de

l'ordinaire que nous avons la chance de réaliser davantage ce phénomène, car les contrastes émergent alors avec plus de clarté. Ainsi, par exemple, en ce qui concerne les multiples interrogations que nous pouvons avoir en tant que parents sur de nombreux aspects du développement et de l'éducation de nos enfants, nous nous rabattons invariablement sur un certain nombre d'idées courantes ; si nous voulons faire émerger ces idées avec plus de clarté, il est utile de jeter nos regards sur ce qui se passe chez les parents qui ont des enfants présentant des difficultés très importantes dans leur développement.

Pour faire image et avoir un point de référence qui soit le plus clair possible, quand il s'agit des enfants qui présentent de grandes difficultés dans leur développement, nous parlons de ceux qui, à l'âge de cinq ans, n'ont développé à peu près aucun langage ou moyen gestuel de communication, peu d'habiletés sociales par rapport aux enfants de leur âge, et dont les niveaux de performance dans les diverses tâches de la vie quotidienne sont considérablement en deçà des habiletés des autres enfants, et ce, en dehors de tout handicap physique évident.

Au-delà des problèmes particuliers de ces enfants et de leurs parents, il y a aussi les conséquences de ce jeu de la fabrication du réel sur la psychiatrie tout entière.

Les spécialistes et les réalités

Les spécialistes

Nous avons tous expérimenté des problèmes que nous étions absolument incapables de résoudre, mais que d'autres personnes pouvaient solutionner. Nous appelons volontiers ces dernières des « spécialistes » car elles possèdent des connaissances que nous n'avons pas, ce qui leur permet d'être efficaces là où nous ne le sommes pas.

Ainsi, par exemple, lorsque voulant construire un escalier intérieur allant du rez-de-chaussée au sous-sol de ma maison à trois logements superposés, une question surgit: puis-je scier les soliveaux sans problèmes? Je croyais personnellement, comme le premier spécialiste appelé en consultation, que, ce faisant, je devrais rajouter des structures portantes pour empêcher ma maison de s'affaisser. Entre-temps, j'avais entendu parler d'un menuisier réputé très compétent; il vint examiner le problème et me dit que l'addition de structures portantes était inutile. Je n'étais pas là le jour où il scia les soliveaux et fit ce grand trou dans le plancher, mais lorsque j'entrai du travail ce soir-là, j'eus la gorge serrée et l'impression que ma maison allait s'effondrer d'une minute à l'autre. Il y a de cela quinze ans, la maison est toujours debout et le plancher n'a pas bougé d'un centimètre. Ce menuisier est un vrai spécialiste : pour régler un problème complexe, il peut faire des choses que je ne me permettrais jamais et qui, effectivement, solutionnent la question de façon élégante et définitive.

Un autre exemple : un soir, mon fils se plaint d'une douleur abdominale, il fait un peu de fièvre, n'a pas faim, a l'air malade. Je l'envoie se coucher. Sa condition ne s'améliorant pas, je le conduis à l'hôpital où une appendicite est diagnostiquée. Quelques jours après l'appendicectomie il est de retour à l'école et... aux chicanes avec ses frères. Un spécialiste en chirurgie, à cause de ses connaissances, a pu régler le problème efficacement.

Un spécialiste, c'est quelqu'un qui, avec efficacité, règle certains problèmes. Il a cette capacité en raison des connaissances particulières qu'il possède sur la nature même des difficultés en question, de même que sur les techniques disponibles d'intervention. Imaginons maintenant que je vis en 1090 et que mon fils, un soir, à mon retour, souffre d'une appendicite. Je consulte le spécialiste : il prend son pouls, examine les urines, puis recommande la prière et certaines potions. La condition de mon fils se détériorant, le spécialiste, en désespoir de cause, prescrit une saignée, ce qui n'empêche pas l'issue fatale. Peut-on réellement appeler cet homme un spécialiste? Certainement pas, selon notre définition. Cette personne a été incapable de régler avec efficacité le problème qui lui était soumis, car elle ne possédait pas de connaissances suffisantes sur la nature du problème et des techniques efficaces d'intervention lui étaient inconnues.

Même s'il n'est pas un vrai spécialiste dans le sens que nous donnons à ce terme, force nous est d'admettre que les gens de cette époque le considéraient comme la personne à appeler dans telle situation. Donc, un genre de spécialiste que l'on pourrait appeler «un spécialiste élu». Pourquoi élu? Parce que même s'il est incapable de résoudre le problème, les gens s'entendent pour agir à son égard comme s'il en était capable. Il semble en quelque sorte «élu» à ce rôle par son entourage. Nous voilà maintenant avec deux genres de spécialistes, les vrais et les élus.

Celui qui, en 1090, a tenté de soigner mon fils souffrant d'appendicite est un «spécialiste élu», c'est-à-dire que nous considérons tous cette personne comme la personne à appeler lorsqu'on a un fils malade. En réalité, et surtout quand on n'est pas pris émotivement par le problème, on sait que cette personne n'est pas beaucoup plus efficace que soi pour le soigner. On se demande alors comment il se fait que des gens en arrivent à considérer, comme spécialistes de la résolution de certains problèmes, des personnes qui ne sont pas plus efficaces qu'eux-mêmes. Cette question a quelque chose d'étonnant du seul fait qu'on doive se la poser, et plus on y réfléchit, plus il nous semble que, derrière elle se cache une grande partie du visage de la nature humaine même.

Reportons-nous en 1090. Votre enfant est fiévreux, prostré et visiblement malade. Vos parents et grands-parents vous ont raconté des histoires terribles sur les souffrances et l'agonie des personnes qui meurent dans les chaleurs; vous craignez pour votre enfant. Vous avez entendu parler avec effroi de la peste, une maladie des chaleurs, et de ses ravages dans les villes; vous craignez pour vous-même. En un mot l'inquiétude et la peur vous rongent. Dans un tel contexte peut-on vous dire froidement que vous ne comprenez pas ce qui se passe, que personne n'a de contrôle sur cette situation aux aspects menaçants et que la seule chose que vous puissiez réellement faire est de voir, de votre mieux, au bien-être général de votre fils en lui donnant de l'eau, en changeant ses draps, en le veillant... et d'attendre? Il est peut-être possible d'adopter une telle position, mais ce n'est sûrement pas facile. Pourtant, en 1090, il s'agit de ce que nous pourrions appeler la vraie réalité des choses car, à cette époque, les moyens disponibles pour guérir la maladie étaient vite dépassés. Comme tous les êtres vivants, les humains sont ainsi faits. Lorsqu'ils perçoivent une menace, ils essaient de contrôler la situation; lorsque ce contrôle n'existe pas, ils cherchent à l'inventer. Le cerveau humain est une machine fabuleuse de fabrication de la réalité : lorsque nous avons peur et que nous ne disposons pas de moyens de contrôle, nous nous en fabriquons. Une façon de le faire consiste à se raconter des histoires rassurantes et d'y croire. L'on me dira avec raison: «Mais on ne peut pas se mentir si facilement, à moins de ne pas être

19

sain d'esprit.» C'est exact. Cependant, nous devons admettre que lorsqu'un grand nombre de personnes se mettent à raconter la même histoire, alors le miracle s'opère et l'histoire devient du réel, un réel fabriqué par l'esprit humain, sur lequel on peut accrocher un espoir lorsqu'il y a nécessité. Et quand on a peur, on a besoin de se rassurer et de trouver où suspendre ses espoirs.

Alors, en ce soir de 1090, vous tremblez d'inquiétude et de peur. Autour de vous, en pareilles circonstances, la plupart de vos compatriotes, malgré quelques railleries à son égard en temps ordinaire, font appel à «ce» spécialiste. «Et s'ils avaient raison? Je n'ai rien à perdre de toute manière.» Et vous appelez le spécialiste au chevet de votre fils. Vous agissez comme si vous y croyiez. Ce faisant, vous rendez à votre communauté un service dont elle vous sera reconnaissante et dont elle vous aurait sans doute tenu rigueur si vous ne l'aviez pas fait: vous avez proclamé que vous y croyez et qu'ils avaient raison de croire ce qu'ils croyaient, et que s'ils avaient peur de la maladie, ils pouvaient avoir confiance, car quelqu'un était capable de faire quelque chose.

Mais le spécialiste dans toute cette histoire me direz-vous? Mettez-vous à sa place, le pauvre! Il ne connaît rien de la nature des problèmes qu'on lui adresse; il est le gardien de l'espoir, un spécialiste élu, donc sans compétence réelle satisfaisante pour solutionner le problème. Son rôle le plus important dans la communauté consiste à soutenir cette réalité fabriquée par tous, à savoir qu'il est, lui, un spécialiste vrai alors qu'il ne l'est pas. Que doit-il faire? En avouant son impuissance et son incompétence, il attirera sur lui et les siens la raillerie et la réprobation générale et perdra le rôle qui, dans sa communauté, lui donne un statut et des avantages. Il doit donc jouer son rôle d'espoir, comme nous l'avons décrit précédemment. En exerçant son travail de spécialiste, il pourrait se contenter d'affirmer que tout ira pour le mieux et ne rien faire, mais il décevrait : on exige qu'il soit plus convaincant. Il doit utiliser des rites, des paroles et des manœuvres qu'on s'attend à voir chez une personne qui a la connaissance. Situation embarrassante, s'il en est une...

Telle était la situation des médecins du XIᵉ siècle. Il existait à cette époque une école de médecine très célèbre, l'École de Salerne. Voici des extraits de l'enseignement de deux de ses professeurs. On remarquera l'insistance qui est mise sur tout un ensemble de détails et de manœuvres qui n'ont rien à voir avec la nature médicale des problèmes. Les médecins étaient rapidement au bout de leurs connaissances et ils devaient développer des techniques pour masquer leur ignorance et soutenir le rôle de spécialiste auquel ils avaient été élus. Cet embarras se reflète dans l'enseignement suivant qu'on prodiguait aux futurs médecins : «Si tu es appelé auprès d'un malade, recommande-toi à Dieu et à l'ange qui conduisit Tobie. Pendant le trajet, évertue-toi à questionner le messager. De cette façon, si tu ne découvres rien dans le pouls ou l'urine du malade, tu pourras néanmoins impressionner et gagner sa confiance grâce à tes connaissances de son état. À ton arrivée, tu demanderas aux amis du malade s'il s'est confessé, car si tu attends de l'avoir examiné, tu l'effrayerais. Ensuite, tu t'assiéras, tu boiras ce qu'on t'offre, et tu loueras la beauté du paysage et celle de leur maison, s'il y a lieu. Faute de quoi, tu peux louer les libéralités de la famille.

«Ne te hâte pas d'émettre une opinion; les amis du malade te seront plus reconnaissants s'ils doivent attendre tes conclusions. Dis au malade que tu le guériras avec l'aide de Dieu, mais dis aux parents que le cas est des plus graves.

En partant, aie soin d'exprimer des remerciements pour les attentions qu'on a eues pour toi, car cela plaira beaucoup.»

Et un second professeur de dire :
«Quand tu rends visite à un malade, efforce-toi de trouver quelque chose de nouveau, tous les jours, afin qu'on ne dise pas de toi que ta science est uniquement livresque.
Si par malheur tu arrivais au moment où le patient est déjà mort, et qu'on te demande pourquoi tu es venu, tu diras que tu prévoyais sa fin pour cette nuit-là, mais que tu désirais savoir à quelle heure il est mort.»
Paroles fort étonnantes en réalité. Voilà comment les spécialistes élus de l'époque se sortaient, en partie, de leur embarrassante situation. Pour répondre aux questions concernant la maladie elle-même, ils parleront de déséquilibre dans les quatre humeurs du corps, de la nécessité de combattre la fièvre du malade au moyen de drogues «rafraîchissantes», ou encore de combattre le refroidissement par le poivre qui était une drogue «échauffante au quatrième degré».

Manifestement, pour soutenir son rôle, il est important pour le spécialiste élu d'aborder la maladie comme s'il n'en était pas ignorant. Cela signifie qu'il posera des questions comme s'il savait, qu'il examinera le malade comme s'il savait et qu'il prescrira certaines choses à faire, toujours comme s'il savait.

On peut facilement s'imaginer qu'en 1090, tous les cas d'appendicite ne se terminent pas par la mort, et que certains malades réussissent à combattre la maladie par les propres moyens de défense de leur organisme. Il s'agit là d'un fait extraordinaire qui, pour ainsi dire, sauve tout le monde dans cette histoire : si mon fils s'en réchappe, cela renforcera définitivement, à mes yeux et aux yeux de la communauté, l'idée qu'il ne faut jamais perdre espoir, l'idée que pour ces maladies qui nous effraient, il y a quelqu'un qui peut faire quelque chose. C'est là le point de vue de la communauté.

Du point de vue du spécialiste, deux réactions sont possibles:

- Si j'ai affaire à un fat, à un vaniteux ou à un faible d'esprit, il croira que mon fils a été guéri grâce à lui, à ses manœuvres, à ses propres idées sur la maladie, à ses incantations; il encaissera personnellement les chèques d'admiration qui lui seront envoyés par certains membres de notre communauté, dont je serai, probablement, en tant qu'heureux père.

- Si j'ai affaire à une personne plus humble et plus perspicace, elle sera heureusement étonnée de la tournure des événements, s'avouera dépassée et cherchera, sans y parvenir, à en comprendre le sens. (Nous sommes en 1090, à une époque où nous

ignorons tout de l'existence des microbes, des antibiotiques, de la circulation du sang, etc.)
On peut affirmer qu'une des raisons de l'existence des spécialistes élus réside essentiellement dans notre peur de l'inconnu.

Les réalités

Du point de vue du cerveau humain, il existe deux sortes de réalités, l'une que nous appelons «non fabriquée» et une autre «fabriquée».

La réalité non fabriquée est celle qui existe en dehors de toute fabrication de la part de notre cerveau, tels l'arbre que je vois dans ma cour, les étoiles que j'observe dans le ciel. En d'autres mots, il s'agit de toute réalité qui serait même si n'existait aucun cerveau humain. Une réalité est non fabriquée quand aucune intervention humaine n'a été nécessaire.

La réalité dite fabriquée est à proprement parler celle qui a été inventée et construite par l'intermédiaire d'un cerveau humain. Voici une liste de réalités fabriquées : un marteau, la table sur laquelle je travaille, un avion. Autres exemples : les mots, les langues, les idées. Les réalités fabriquées peuvent prendre deux formes: matérielle lorsque, comme la table, elles sont réalisées à l'aide de la matière qui nous environne; ou non matérielle, lorsque, comme les langues et les idées, elles ne sont que des manifestations de l'esprit. Il convient de préciser dès maintenant que, dans ce volume, lorsque nous parlons de réalités fabriquées, nous référons davantage à celles qui sont des manifestations de l'esprit, comme les idées et les images mentales.

Bien que nous n'en soyons pas toujours conscients, que nous n'ayons peut-être jamais eu l'occasion d'y réfléchir, cette distinction entre réalité fabriquée et réalité non fabriquée est très importante pour nous les humains. Tous les enfants du monde, dans toutes les cultures, apprennent à distinguer entre ce qui est vrai et ce qui ne l'est pas, entre le réel qui existe en dehors de notre cerveau et le réel qui existe exclusivement par l'action de notre cerveau. Une telle distinction devient partout, entre parents et enfants, un merveilleux prétexte au jeu, à la taquinerie, au rêve partagé : «Le Père Noël va venir par la cheminée cette nuit», « Si tu ne rentres pas à l'heure, le Bonhomme Sept-Heures va t'attraper», «Je suis le gros méchant ours, grrrr...»

Puis un beau jour on dit à l'enfant : «Tu es maintenant trop grand pour croire encore au Père Noël!»

C'est ainsi que nous apprenons tous que certaines réalités sont relatives, dirions-nous. Plus nous vieillissons, plus s'accroît le nombre de ces réalités que nous devons, dans notre cerveau, placer dans le tiroir destiné aux réalités fabriquées. Grandir, c'est un peu apprendre qu'il est inutile de continuer à écrire au Père Noël pour obtenir ce dont on a besoin : ce personnage vit dans une réalité que nous avons fabriquée avec notre cerveau. Pour faire en sorte qu'il puisse exister pour nos enfants, il faudra continuer, nous parents, à le faire vivre : en en parlant, en revêtant son déguisement, en achetant et en donnant en son nom les cadeaux qui leur sont destinés. Inéluctablement, la vie nous apprend ce qu'il en est véritablement du Père Noël.

Nous prenons ainsi conscience qu'à côté de la réalité fabriquée, il existe une réalité non fabriquée dont on ne peut pas indûment ignorer les lois; nous découvrons, au moment de régler les problèmes posés par cette réalité non fabriquée, que les seules mesures pouvant apporter une solution digne de ce nom, sont celles qui obéissent aux lois de la réalité non fabriquée.

En fait, cette règle est tellement immuable qu'il nous est difficile de ne pas développer un respect particulier pour les humains autour de nous qui, de façon manifeste, comprennent mieux que nous les

27

règles de cette réalité non fabriquée; en effet, ils peuvent être remarquablement efficaces là où nous ne le pouvons pas... que l'on pense aux exemples du menuisier et du chirurgien. Souvent, pour parler de l'activité de ces gens, on dira qu'ils ont une approche ordonnée, scientifique, objective; ce sont là des qualificatifs que nous appliquons souvent à ce type de réalité dont la connaissance et la manipulation nous permettent des choses aussi incroyables que de faire voler un avion, obtenir des images de la surface de Jupiter, remplacer le cœur malade d'un humain. Comment certaines personnes en arrivent-elles à réaliser de telles merveilles? La raison réside essentiellement dans le fait qu'elles comprennent mieux que nous les lois de la nature en cause et savent, par conséquent, mieux les utiliser.

Que veut dire ici «mieux comprendre»? Comprendre pour le cerveau veut dire se fabriquer un bon modèle. En effet, pour en arriver à saisir la réalité, le cerveau construit des modèles de réalité. Deux questions importantes se posent ici : qu'est-ce qu'un modèle de réalité? et de quelle manière notre cerveau se forme-t-il tel modèle? En raison de leur importance, nous tenterons de répondre à ces deux questions de la façon la plus concrète possible, en utilisant, pour chacune, une comparaison imagée.

Afin de mieux réaliser le sens de l'expression «modèle de réalité», on peut évoquer l'image d'une carte routière. Cette dernière représente en miniature le schéma d'une région quelconque et sert à nous y orienter. Ainsi, la carte d'une ville que nous visitons nous permettra, par exemple, de repérer l'aréna et de nous y rendre. Sans carte, par ailleurs, il nous faudra demander la direction à suivre, et une personne de l'endroit pourra nous répondre ceci : «Pour aller à l'aréna, vous continuez tout droit sur ce chemin jusqu'à la rivière, puis vous tournez à gauche où, très rapidement, le chemin bifurque. Vous prenez à droite pour un mille, puis vous tournez à gauche sur le boulevard Saint-Cyrille, et vous y êtes.» Même si nous ne disposons pas de carte des lieux, ces indications nous permettront d'en dessiner une, partielle mais utile, dans notre imagination. Ainsi, en suivant le trajet de cette carte mentale, nous pourrons prendre une série de décisions qui vont nous mener à l'aréna. Nous appelons «modèle de réalité» ce plan fragmentaire tracé dans notre imagination à l'aide des indications fournies par cette personne. Le cerveau humain, pour une grande part de ses activités, fonctionne avec de tels modèles, c'est-à-dire que pour comprendre, il se construit des modèles de réalité dont il se sert pour se guider. C'est en s'y référant que notre cerveau tente de rendre intelligible le monde qui l'environne. Mais comment le cerveau se forme-t-il un modèle de la réalité? Brièvement, de la même manière qu'on devient propriétaire d'une maison. Il y a trois possibilités : on la construit soi-même à partir de ses propres plans; on l'achète toute faite en y effectuant des transformations plus ou moins importantes; ou on l'achète toute faite sans rien modifier.

Il est rare qu'un cerveau bâtisse lui-même sa maison, c'est-à-dire qu'il invente son modèle de réalité à partir d'à peu près rien. Le cerveau d'Einstein, pour résoudre quelques problèmes importants sur lesquels butait la physique de son temps, a construit, à partir d'on ne sait trop où, d'on ne sait trop quoi, un modèle de réalité si original, que le savant attira d'abord la risée. Suivant ce qu'il disait, une minute sur terre n'avait pas la même durée qu'une minute sur une étoile lointaine, comme l'étoile polaire par exemple. Il expliquait donc que le temps n'était pas le même pour tous dans notre univers, et qu'il s'écoulait d'autant plus lentement que le champ gravitationnel et la vitesse d'un corps céleste étaient grands. Très farfelue comme idée. Sauf qu'il avait raison et que, maintenant, plus personne ne rit. Mais Einstein était un génie.

Pour la grande majorité d'entre nous, lorsque le cerveau doit se doter d'un modèle de réalité, il emprunte une des deux autres façons dont nous avons parlé, à savoir acheter sa maison toute faite, décidant par la suite de la transformer ou de ne pas la modifier.

Ainsi, si on est confronté à l'une des pires décisions pour un parent, soit celle du placement de son enfant, comment, dans une telle circonstance, les choses se passent-elles dans notre cerveau?

On cherche des exemples. A-t-on déjà vu de nos proches parents, voisins ou amis aux prises avec un tel problème? Si on est enfant, comment les personnes de notre entourage ont-elles réagi à cet événement? Si on est adulte, comment les personnes influentes de notre entourage ont-elles réagi? Si notre expérience personnelle de parent ne nous fournit aucun ami ou voisin qui ait été aux prises avec un tel problème, a-t-on été témoin de conversations à ce sujet? Puis on demande à des amis, des voisins, des parents ce qu'ils feraient dans de telles circonstances, et on les écoute. On achète ensuite des livres, des magazines qui traitent de ce sujet pour connaître l'opinion des gens soi-disant plus éclairés. On consulte aussi un ou plusieurs spécialistes. Finalement, on prend une décision vers laquelle toutes nos démarches et les conseils reçus nous auront menés, mais on l'adapte pour se sentir plus à l'aise, selon son tempérament, ses sentiments, les circonstances, etc. C'est ici l'exemple de l'achat de la maison toute faite, mais que l'on modifie pour y être à l'aise et pour qu'elle rencontre nos besoins propres.

Ou encore, on moule sa décision à l'opinion qui prévaut dans son entourage. Ce qui équivaut, pour suivre notre exemple, à acheter sa maison toute faite sans modification.

Un des facteurs les plus puissants qui motive notre cerveau à faire des achats tout faits, c'est la mode ou, comme je m'amuse à le dire à mes enfants quand ils m'excèdent par l'importance trop grande qu'ils y accordent, la «Meu...eude». Il y a donc deux sortes de spécialistes et deux sortes de réalités, en étroite relation. La réalité non fabriquée est celle du spécialiste vrai : c'est la connaissance particulière de cette réalité qui rend une personne efficace à résoudre certains problèmes et qui fait d'elle une spécialiste. Le spécialiste élu prend appui sur une réalité différente qu'il fabrique et que nous aidons à fabriquer. Pourquoi notre cerveau tient-il tant à fabriquer ces réalités et à élire des spécialistes?

Probablement pour apaiser les questions et les angoisses qui, au fil des événements de notre existence, bouillonnent constamment dans l'immense réseau de ses cent billions de neurones.

Là où les solutions aux problèmes touchent à la sorcellerie

1990. Les personnes de votre entourage immédiat ont parfois osé quelques réflexions discrètes, telles que : «C'est curieux qu'il ne marche pas encore, il a pourtant dix-sept mois.» Vous avez vite apaisé les vagues inquiétudes qui émergent en vous, depuis un certain temps d'ailleurs, en consultant votre médecin de famille qui vous a dit, avec raison, que certains enfants ne marchent qu'à dix-huit mois et présentent par la suite un développement parfaitement normal. Le langage de votre petit est un peu lent à se développer, mais il a fait plusieurs otites; on est en droit de penser que, lorsque ses oreilles seront parfaitement guéries, il entendra bien et qu'alors il pourra imiter les mots et apprendre à parler. Ainsi va l'espoir. Pour certains parents, les inquiétudes ne se dissiperont pas avec le temps, mais iront s'accentuant : ce sont, par exemple, et pour ne mentionner que ceux-là, les parents des personnes qui dans notre société souffrent d'autisme ou de retard mental. Tôt ou tard ils auront à faire le point sur une difficile réalité. Que fait-on lorsque l'inquiétude augmente et que l'on se sent dépassé par un problème? On a recours aux spécialistes, aux services de ceux qui connaissent ces choses que l'on ignore et qui nous donneront la clef de ces énigmes.

Et commence l'aventure, une aventure qui demande énergie et courage. La plupart de ceux que les parents consulteront (parents, amis, psychologues, médecins, travailleurs sociaux...) sont susceptibles d'aborder le problème suivant les grandes lignes de ce que nous pourrions appeler la mythologie *prévalente* de l'heure. La mythologie *prévalente* de l'heure, c'est la réalité fabriquée qui est à la mode, celle qui a une si grande influence sur la façon dont nos cerveaux vont construire leurs modèles de réalité.

Lorsque la réalité non fabriquée (un enfant qui présente un trouble dans son développement) ne correspond pas à la réalité fabriquée (tous les parents ont rêvé d'un enfant qui se développe sans problème), il en résulte invariablement, dans les cellules de notre cerveau, une zone de turbulence. Telles zones de turbulence sont une terre fertile pour les mythes. Et Dieu sait si, nous parents, constituons souvent une combinaison gagnante en ce sens, car l'interface de ces deux réalités prend souvent, aujourd'hui, le visage de la culpabilité. De nos jours, il est en effet difficile de parler des parents sans parler de culpabilité; à certaines époques, il en était beaucoup moins ainsi, notamment à celles où la mortalité infantile était spectacle courant et où il était coutume de donner les enfants en nourrice. Nous vivons dans une société où les choses ont bien changé : les droits de l'enfant sont définis, reconnus et promulgués; la société reconnaît les parents comme les premiers responsables de l'application et du respect de ces droits, même dans des circonstances où il leur en coûte personnellement très cher. Pour couronner le tout, nous vivons à une époque où il est dans le ton de trouver excuse aux fautes de l'adulte dans une blessure émotive de l'enfance : c'est là la pierre d'angle de la mythologie *prévalente*. Tout ceci fait peser sur les épaules des parents un poids important de responsabilité. La conséquence de ce mythe *prévalent*, souvent tacite mais omniprésent, est que si votre enfant a un problème quelconque, vous devez vous présumer responsable. Les spécialistes l'ont affirmé depuis des décennies : tout se joue très tôt, et si vous n'êtes pas vigilant — d'aucuns affirmeront dès les premiers instants de la conception même —, vous risquez le traumatisme psychologique chez votre enfant, le blocage dans son développement affectif. Il pourra en résulter pour lui une panoplie de problèmes : difficulté à apprendre, arrêt dans le développement de son intelligence, incapacité à se faire des amis, tendances à se retirer, crises d'agressivité, insomnie, autisme, paralysie, etc. Sans mentionner les conséquences néfastes sur sa vie d'adulte : infarctus, ulcères, cancers, et autres maladies.

Je suis encore toujours surpris après vingt ans de pratique de voir comme il est facile de vendre ce modèle de pensée aux parents. En terme de commerce, nous appelons cela un gros vendeur. Vous me direz que si cette mythologie *prévalente*, ce modèle du blocage affectif comme nous pourrions l'appeler est un gros vendeur, ce modèle donc doit nécessairement être vrai car il est impossible que les nombreuses personnes qui s'en servent soient toutes des imbéciles. Il faut ici rappeler qu'on peut ne pas être imbécile et croire à des choses erronées. Avant Galilée la grande majorité des personnes sur terre, et parmi elles les plus intelligentes, croyait que le soleil tournait autour de la terre. Le fait est que la vérité ne se mesure pas au nombre de votes.

Et les questions bouillonnent dans la tête de ces parents :

- Existe-t-il un spécialiste pour ce genre de problème ? Quel est son nom ? « Va voir ton médecin », de dire le premier, « consulte un psychologue », de conseiller le second, « adressez-vous à un pédopsychiatre... à un travailleur social... à un orthophoniste... à un éducateur spécialisé... à un ergothérapeute... à un thérapeute familial... »

À première vue, il ne manque pas de spécialistes pour ce genre de problème ; en général, ce signe est plutôt inquiétant. Mais, vous direz-vous, y a-t-il quelque chose de plus complexe qu'un être humain ? S'il est nécessaire d'avoir une équipe de spécialistes pour construire un barrage hydro-électrique, il est raisonnable de penser que nous avons besoin d'une équipe de spécialistes pour aborder un problème compliqué de développement humain, car tout le monde sait que l'être humain est très complexe. Possible ? Possible.

Que disent et que font ces spécialistes confrontés à ce problème? On constate qu'il y a, derrière les gestes et les mots relevant de la spécialité propre de chacun, un moule commun de pensée que nous avons appelé la mythologie *prévalente*. Comme le médecin de 1090 devant une appendicite, le spécialiste des troubles de développement chez l'enfant de 1990 possède ses rites et ses formules incantatoires, lesquels se cristallisent autour d'une formulation émotionnelle du problème, impliquant bien sûr les parents. Ainsi, au sujet des parents d'enfants autistiques, on a dit qu'ils sont émotionnellement froids et inconsciemment hostiles à leur enfant. Cette formulation du problème de l'autisme est un geste aussi barbare, inhumain et dénué de sens que la saignée qu'on exerçait au Moyen-Âge sur un patient en train de mourir au bout de son sang. Elle représente une position extrême de la mythologie *prévalente* dont, heureusement, un nombre croissant de personnes s'éloignent peu à peu; cependant, cette mythologie est encore bien vivante parmi nous, de sorte que si vous devez consulter un spécialiste, ne soyez pas étonné qu'on aille fouiller avec insistance dans l'enfance de votre enfant, dans la vôtre en tant que mère et en tant que père.

Et vous parents serez soulagés, car voilà quelqu'un qui a une approche structurée au problème qui vous inquiète. Naturellement, vous n'aimez pas trop vous faire «savater» de la sorte, mais peut-être que ces spécialistes ont raison après tout : comme tous les parents du monde, vous avez probablement été trop ceci avec votre enfant, ou pas assez cela, car les parents sont un peu par définition des gens qu'on peut facilement critiquer pour leur dire qu'ici ils n'ont pas été assez, que là ils ont été trop; l'important après tout, c'est qu'on vous dise qu'il y a de l'espoir, le reste, vous le prendrez quel qu'il soit. Pendant quelques années, vous prendrez tout, vous ferez tout.

Dans l'ensemble, la situation se présente comme suit : votre enfant manifeste des signes de retard dans son développement qui vous inquiètent. Vous voulez savoir si vous avez raison de craindre, si ces difficultés s'accentueront avec le temps, ou si, au contraire, elles disparaîtront. Vous voulez savoir pourquoi il présente de tels problèmes, et ce que vous pouvez faire pour les corriger. Vous apprenez qu'il y a plusieurs spécialistes et vous allez en voir un qui vous rassure par son approche structurée : ce n'est pas aussi simple que vous l'auriez d'abord cru, mais il y a de l'espoir. Voici enfin quelqu'un qui semble connaître ce genre de problème et savoir quoi faire pour le résoudre. Quelques années passent. L'enfant et vous-mêmes êtes maintenant en contact avec plusieurs spécialistes, votre enfant a définitivement fait certains progrès, vous vous êtes remis en cause en tant que parents à plusieurs reprises et avez bénéficié, avec votre enfant, de plusieurs approches spécialisées autant chez le médecin, le psychologue, le travailleur social, l'orthophoniste, à l'école et au terrain de jeu, etc. Au cours de ces années, vous avez consulté plusieurs spécialistes, avez été déçus maintes fois d'avoir tant espéré de ces nouveaux consultants, mais d'avoir si peu reçu en regard de vos attentes. Vous avez probablement bénéficié, de la part de certains de ces professionnels, de beaucoup de bonne volonté et de temps passé avec votre enfant, et avec vous. Vos attentes finales sont du côté des progrès réels de ce dernier. Comme tout le monde vous encourage à le voir, et comme vous posez souvent des gestes de manière à encourager tout le monde à le voir, votre enfant a progressé. Mais il est encore loin derrière les enfants de son âge, parfois très loin. Comment mettre de l'ordre dans toutes ces vagues d'espoirs et de déceptions au cours de toutes ces années?

Il importe d'abord aux parents de comprendre la provenance des rites et des incantations des professionnels élus de la santé mentale de 1990 : la psychanalyse. La psychanalyse, c'est d'abord

Freud, un médecin neurologue qui a essayé de comprendre ce qui se passait chez ses patients manifestant des troubles importants d'adaptation. Anna O., souffrant de paralysie hystérique, a été une de ses célèbres patientes. Freud avait vu Charcot en France guérir de telles paralysies en utilisant l'hypnose. Il obtint de semblables résultats chez Anna O., mais cette guérison était transitoire. Freud voulut trouver un moyen de rendre cette guérison permanente. Sous hypnose, il découvrit chez sa patiente des associations entre certains éléments qui lui donnèrent à penser qu'elle souffrait d'un blocage affectif. L'idée était originale et intéressante. Freud l'adopta comme lumière pour guider ses pensées afin de construire un modèle de réalité destiné à expliquer comment fonctionne l'esprit humain. C'est ainsi qu'au cours des années, il bâtit le modèle psychanalytique : moi, surmoi, ça, refoulement, complexe d'Œdipe, etc.

À la suite de Freud, on prit l'habitude de comprendre et de formuler tout problème d'adaptation et de développement humain suivant ce genre d'idées. Dans le domaine des sciences de la santé, cette façon de penser et de formuler devint malheureusement la marque de commerce de la compétence. On en vint à vendre l'idée qu'on possédait dans cette façon de penser et d'agir un moyen de guérir, ce qui d'ailleurs désolait Freud sur son lit de mort; celui-ci rappelait que la psychanalyse était un instrument de recherche et qu'on ne pouvait pas la proposer comme une manière reconnue de guérir. Mais le mouvement était lancé et, pendant plus d'un demi-siècle, il allait devenir une force politique et une mafia conceptuelle sans rival. Une des pierres d'angle de cette façon de penser est que lorsqu'il nous faut expliquer un problème d'adaptation ou de développement chez l'humain, nous devons chercher d'emblée le trouble émotif qui en est à l'origine. Nous commençons à peine aujourd'hui à sortir des griffes de ce pouvoir qui a créé cette mentalité en nous. C'est un réflexe de pensée qui nous est devenu aussi naturel que celui de respirer. Ainsi, nous avons appris que nous pouvons causer de grands dommages à nos enfants en les contrariant, spécialement avant l'âge de cinq ans, que ces frustrations engendrent des sentiments qui demeurent refoulés et que de leur cachette secrète, appelée inconscient, ils peuvent se traduire, entre autres, par des troubles de comportement, des dépressions, des schizophrénies, des refus de développement.

L'idée de base est certes extraordinaire, simple et lumineuse. Un bon vendeur en soi, dans plusieurs contextes. De quel contexte parlons-nous? De celui où nous savons peu de choses sur les maladies mentales et les troubles de développement et d'adaptation, de celui où il n'y a pas de spécialiste vrai pour ces problèmes. Une telle idée dans un tel contexte est une bénédiction du ciel : elle vient au secours des spécialistes élus en leur présentant sur un plateau d'argent les rites et les incantations dont ils ont besoin; elle vient au secours de tous ceux qui sont aux prises avec de tels problèmes en les ralliant rapidement à l'espoir qu'ils veulent tant trouver.

En dépit de sa grande découverte de l'inconscient, Freud croyait que la véritable compréhension des troubles dont il s'occupait en tant que médecin nous viendrait des connaissances sur la physiologie du cerveau et sur le métabolisme de la cellule. Il a lui-même amorcé des recherches dans cette direction, mais il les abandonna car cette tâche était impossible à son époque, à cause de l'état rudimentaire des sciences biologiques et biochimiques. Il tenta néanmoins de faire avancer les connaissances avec les moyens dont il disposait et la psychanalyse fut l'instrument de recherche qu'il inventa pour y parvenir. Par la suite, la psychanalyse devint pratiquement une entité sociale et une force politique. De science, elle est devenue foi, avec ses disciples et ses gourous.

Mais qu'est-ce que toute cette histoire a à voir avec vous, parents d'enfants handicapés dans leur développement? Beaucoup, car une fois établi le fait qu'on ne trouve rien sur le plan médical pour expliquer le déficit de votre enfant (ce qui est vrai pour la grande majorité des cas), sur quoi va-t-on se rabattre pour formuler le problème? «On», ce sont votre famille, vos voisins, vos amis, tous les spécialistes que vous consulterez, les gens de la radio et de la télévision qui mettent en scène votre problème, les journalistes qui en parlent, vous-même lorsque vous tentez d'en comprendre la signification... Avec quelle facilité, lorsqu'un problème de développement et d'adaptation chez l'humain dépasse l'entendement, on a recours à cette formule toute prête d'explication qui consiste à croire qu'un blocage affectif est à l'origine du problème, comme s'il allait naturellement de soi qu'une cause affective en soit l'explication. C'est là le dogme central de la mythologie *prévalente* sur ces questions.

Si on met de côté la mythologie *prévalente*, ces spécialistes règlent-ils ce genre de problème de façon claire et satisfaisante dans un nombre appréciable de cas? Voilà la question importante. La réponse est un non clair. Si nous comparons le développement à une échelle, nous pouvons dire qu'à un âge donné, la grande majorité des enfants se situe à peu près au même endroit relativement à leurs habiletés sociales, motrices et cognitives; certains, plus développés, se détachent un peu du groupe par le haut pour certaines habiletés, d'autres, moins développés, s'en détachent par le bas. Mais tous se situent dans ce que nous appelons la cloche de la normalité. Les enfants qui présentent un trouble dans leur développement sont en dehors de cette cloche, plus ou moins loin derrière dans cette échelle; si ce trouble est important ils se situent si loin derrière que leur niveau d'habileté correspond à celui d'enfants qui sont beaucoup plus jeunes qu'eux.

Pour la grande majorité de ces enfants dont le développement est retardé, une chose est certaine : ils continueront à progresser dans cette échelle du développement, ils graviront des échelons, thérapie ou pas. Cela signifie que, quels que soient le spécialiste vu et le traitement proposé, il y aura progrès si on se donne la peine d'être suffisamment patient. Lorsqu'il survient, il peut être interprété de plusieurs façons, et c'est là que le glissement sur les mots peut se faire. Si on veut attribuer le progrès à la thérapie, rien de plus facile; si quelqu'un s'objecte, on peut en parler longtemps. En d'autres termes, ce ne sont peut-être pas les connaissances particulières du spécialiste qui expliquent les progrès. Je crois que la grande partie de ces progrès est prévisible dans une large mesure, en dehors de toute intervention du spécialiste. Il y a dans l'histoire de la médecine plusieurs précédents à cette situation. Par exemple, au Moyen-Âge, on attribuait la maladie à la punition de Dieu pour des fautes commises ou à la possession du démon; consécutivement à ce modèle de réalité, l'action logique était de prier et de faire pénitence, et c'est ce qu'on faisait. Or, 90 à 95% des maladies humaines se guérissent d'elles-mêmes en dehors de toute intervention du spécialiste. Donc, la prière était exaucée dans 90 à 95% des cas, ce qui, bien sûr était considéré comme une preuve à la fois de l'existence de Dieu et de l'efficacité de la prière. Le contexte est à peu près similaire puisqu'au-delà de 95% des enfants présentant un retard dans leur développement vont faire des progrès parallèlement à la maturation inévitable de leur cerveau, qu'il y ait ou non intervention de la part du spécialiste. Avant d'attribuer une amélioration à l'intervention d'un spécialiste, il faut, chez ces enfants, pouvoir faire la part des améliorations qui seraient survenues sans l'intervention de ce dernier. Or pour un enfant donné, il est impossible, à toute fin pratique, d'y arriver parce que nous ne disposons pas de moyens satisfaisants pour mesurer ces choses. Il faut donc deviner la réponse à cette question, ce qui profite évidemment à la mythologie *prévalente* et à tous ceux, qu'ils soient professionnels ou parents, à qui elle est utile.

La mythologie *prévalente* comme toute mythologie traduit un manque réel de connaissance. Aussi, la solution d'un problème touche à la sorcellerie lorsqu'elle est basée sur la mythologie *prévalente*. Les psychothérapies entreprises pour désamorcer, soit chez les parents, soit chez les enfants, les problèmes affectifs qui expliquent supposément les retards importants de développement de l'enfant touchent à la sorcellerie.

Ainsi un enfant qui présente un retard important dans son développement constitue un réel problème non seulement pour les parents mais également pour les spécialistes actuels. Pour le résoudre, le cerveau de ces personnes devra se créer un modèle de cette réalité. La façon la moins onéreuse pour le cerveau d'y parvenir, et la moins risquée également, est d'adopter le modèle à la mode pour ce genre de problème, ce que nous avons appelé la mythologie *prévalente*. Suivant la mythologie *prévalente* de 1990, le trouble de développement de l'enfant est dû à un blocage affectif soit chez vous, soit chez votre enfant, peut-être les deux ; donc pour résoudre le problème, il faut découvrir où se situe ce blocage et le libérer.

La mythologie *prévalente*, donc, est une vraie mythologie, et ses prescriptions tiennent de la sorcellerie.

Quelques visages de la mythologie
prévalente dans la vraie vie

J'ai connu Henri alors qu'il avait six ans. Ses parents avaient décidé de venir me consulter pour ses problèmes importants d'opposition. L'heure du coucher était un tourment quotidien pour cette famille demeurant en logement; les parents ne savaient plus à quel saint se vouer pour que, sans problème et à une heure décente, ils puissent mettre cet enfant au lit. Si l'enfant se sentait le moindrement contrarié, il criait, piochait, frappait au point d'atteindre une intensité et une persistance qui commandaient le respect. Les parents, après avoir épuisé toutes leurs recettes sans succès, avaient convenu que leur enfant avait besoin d'affection et de compréhension.

Je me souviens d'une remarque de la mère qui m'avait frappé lors de la première entrevue : «Je me demande pourquoi il a besoin de faire des colères?» En tant que parents, lorsque nous sommes confrontés à un problème de la sorte, il est parfaitement normal de nous poser de telles questions. Mais alors pourquoi un enfant de six ans fait-il de pareilles colères? N'étant pas spécialistes vous ne savez pas, vous ne voulez pas trop vous compromettre. Est-ce là votre premier réflexe? Il est courant car notre société nous a habitués au réflexe du spécialiste devant un problème. Soit. Mais supposons que l'enfant dont il s'agit est celui de votre belle-sœur, que vous êtes appelés à le voir souvent et à vivre, en quelque sorte, le problème; inévitablement vous en arrivez à vous poser vous-mêmes cette question: «Mais pourquoi cet enfant est-il si difficile?» Chaque cerveau humain est une machine à donner du sens à son environnement; c'est une machine qui génère des questions sur ce qui se passe dans l'entourage, spécialement lorsque ce qui s'y déroule revêt un caractère menaçant ou agaçant; le cerveau cherche également à apporter des réponses à ces questions.

Vous avez probablement déjà fait la connaissance d'enfants qui ont fait naître en vous une telle question. Peut-être, également, avez-vous apporté une réponse de ce genre : «Pas surprenant qu'il soit si malcommode, ils sont toujours sur son dos» ou «Ils n'ont vraiment pas le tour de lui parler», etc. La réponse a à peu près toujours la même forme, c'est-à-dire qu'elle implique les manières d'être et d'agir des parents avec l'enfant, et, assez curieusement, lorsque ce sont les parents eux-mêmes qui se questionnent. Par exemple, lors de cette première entrevue, c'est le père d'Henri qui m'a dit : «Je me demande de quoi mon fils a manqué, nous l'aimons pourtant beaucoup.» Comme s'il allait de soi que la source des problèmes devait nécessairement provenir d'une difficulté d'ordre émotif.

Encore étudiant en médecine, j'ai un jour été très frappé par ce que nous raconta un de nos professeurs au sujet de la maladie de Parkinson qui atteint certaines personnes plus âgées et qui se caractérise, entre autres, par des tremblements involontaires et de la rigidité musculaire. Ce professeur nous dit qu'avant la découverte des causes réelles de la maladie, certaines personnes avaient développé une théorie psychologique pour l'expliquer. Cette dernière stipulait que ces personnes présentaient de tels symptômes dans le but de manipuler leur environnement : à preuve, lorsqu'une situation les rendait anxieuses, elles tremblaient davantage! C'est là, dans un certain sens, ce que nous pourrions appeler une théorie basée sur des faits. Basée sur certains faits, oui, mais il y a là quelque chose de curieusement rapide entre le fait et la conclusion. Il faut apprendre à nous méfier de nos perceptions, spécialement si nous voulons construire un modèle de réalité qui soit efficace. Souvenons-nous que, pendant des millénaires, l'humanité a cru que la terre était plate et que le soleil tournait autour d'elle; en effet, lorsque j'observe l'horizon derrière chez moi, il est clair que la terre est plate, comme le soleil durant le jour paraît tourner autour de la terre. Il y a là matière à réflexion quand nous essayons d'appuyer une façon de voir les choses sur des faits observés. Tout comme il était bien vrai que tous pouvaient voir le soleil se lever à l'est et se coucher à l'ouest, il était également bien vrai que les malades atteints de la maladie de Parkinson tremblaient davantage lorsqu'ils étaient anxieux. Malgré ces faits, le soleil ne tourne pas autour de la terre et la maladie de Parkinson n'est pas due à des facteurs psychologiques. Nous savons maintenant que cette dernière est secondaire au déficit d'une substance importante localisée dans certaines parties profondes du cerveau. Aujourd'hui, nous pouvons, jusqu'à un certain point, remédier à ce déficit en donnant des médicaments appropriés. Un jour, il se passera la même chose pour les troubles importants de développement chez l'enfant que pour la maladie de Parkinson ; nous cesserons alors de parler de blocage affectif comme nous ne parlons plus des origines psychologiques de la maladie de Parkinson.

Imaginez qu'Henri soit votre fils. «Impossible», penseront certains. «Je n'ai jamais eu de problème avec aucun de mes enfants, de sorte que je saurais m'y prendre avec Henri également.» Vous estimez que les parents d'Henri n'ont pas la manière ? En fait, plusieurs personnes pensent comme vous, même si elles ne l'avouent pas clairement. Mais faites un effort et imaginez qu'Henri soit votre fils : les manières de faire qui ont bien fonctionné avec vos enfants ne marchent pas avec Henri : il crie, pioche, il vous embarrasse en public, vous inquiète parce qu'il ne parle pas, etc. Et vous voilà de l'autre côté de la clôture : vous expliquez aux parents, voisins et amis que vous avez tout essayé. Ils réagissent d'abord avec compréhension, puis ils donnent leurs idées sur le problème ; le temps passe et le problème d'Henri ne se résout pas. En général, les gens n'accepteront pas si facilement que leur idée au sujet de votre difficulté ne soit pas la bonne. Ainsi devant la persistance du problème, la balle finira à peu près toujours par retomber sur le nez des parents. Et vous voilà, parents d'Henri, devant un auditoire devenu un peu, sinon ouvertement sceptique.

Henri prend le chemin de l'école. C'est la catastrophe. Le téléphone ne dérougit pas, on vous convoque. On évalue l'enfant. Dans son rapport, le psychologue note que «l'enfant cherche à se faire contrôler, ce qui laisse croire que ses besoins de sécurité et d'affection sont très grands». Et nous voilà encore de retour à l'émotion et au mythe.

C'est précisément à ce moment que j'ai connu l'enfant. Après l'avoir évalué, j'annonçai aux parents d'Henri que pour des raisons qui m'échappaient, leur enfant présentait un retard significatif dans son développement; comparé aux enfants de son âge, il possédait beaucoup moins de mots dans son vocabulaire, son degré de compréhension était manifestement limité, comme l'attestaient les résultats des épreuves utilisées dans ce genre de situation. Tous ses examens médicaux étaient normaux et de plus, en autant que nous puissions l'évaluer avec les moyens dont nous disposions, il entendait bien. Ceci est la règle pour plus de 90 % des enfants qui présentent un tel problème. En somme, j'ai dit aux parents d'Henri que leur enfant était retardé mentalement et que je n'avais aucune idée des raisons de ce retard. Tout problème a son heure de vérité. Je trouve particulièrement pénible d'être mêlé à cette heure de vérité des parents : la profession ne nous laisse aucun choix sur ce point. Dans le cas particulier d'Henri, lorsque son enseignante a entendu parler des résultats de l'évaluation, elle s'y est objectée et a tenté de convaincre les parents que l'enfant n'était pas retardé, mais qu'il avait des difficultés à apprendre en raison de ses problèmes d'attention et d'opposition. Il y avait là pour les parents un nouveau vent d'espoir. Comment régler ces problèmes d'opposition et d'attention? Il faut l'encadrer, lui expliquer et l'aimer. Le directeur de l'école ne voyait pas pourquoi cet enfant ne pourrait pas apprendre comme les autres. Toutes ces personnes étaient pleines de bonne volonté; d'une classe spéciale, on a transféré l'enfant dans une classe régulière. Les troubles non seulement ont persisté, mais ils ont empiré. Après deux mois difficiles, les parents ont suggéré que la raison du problème résidait peut-être dans les habiletés de compréhension réduites de leur fils. Mais on entendait maintenir l'enfant dans son classement actuel et on conseillait aux parents de se faire aider dans leurs attitudes vis-à-vis de leur enfant. La situation devint de plus en plus tendue entre les parents et le personnel de l'école. En fin d'année, l'enseignante écrivit dans son rapport «qu'on a peut-être convaincu cet enfant qu'il était incapable de réussir et qu'on lui a peut-être coupé les ailes». Vous pouvez imaginer comment les parents peuvent se sentir dans cet imbroglio où tous agissent de bonne foi au nom de l'enfant. Exaspérés, tourmentés, ne sachant où donner de la tête dans une telle situation, les parents cédèrent enfin à la suggestion de trouver quelqu'un... qui voulût bien entreprendre une psychothérapie individuelle avec leur fils.

Et voilà le mythe qui revient. Le prêt-à-porter dans une telle situation, c'est que si les problèmes de l'enfant persistent il faut regarder du côté des émotions bloquées, celles des parents, celles de l'enfant. Un rite important qui s'apparente à ce mythe consiste en la psychothérapie qui libérera le blocage émotionnel et dénouera le problème.

Un mythe est un produit de l'imagination de l'homme qui, sous forme d'images et d'idées, rend compte de certaines réalités dont l'explication nous apparaît à la fois nécessaire et inaccessible. Par exemple, si l'univers existe, il nous apparaît certain qu'il a dû être formé de quelque manière, mais comment? Comme nous n'en savons strictement rien, mais que nous ne pouvons nous empêcher de poser cette question et de croire que nécessairement elle comporte une réponse, nous avons inventé des mythes sur l'origine du monde. Il y a des mythes religieux et des mythes scientifiques. Dans le domaine des sciences, nous appelons les mythes théories ou encore, dans un langage plus courant, hypothèses. Un mythe, c'est une façon logique de voir un problème qui semble nous le faire comprendre et ouvrir la voie à sa résolution. Nous sommes ainsi faits que lorsque notre cerveau est confronté à un problème important auquel il ne trouve pas de solution, il crée un mythe. Il semble que ce soit la raison d'être de notre cerveau, dans ce qu'il a de plus humain, que de fabriquer des modèles de la réalité. Évidemment, les mythes se transmettent d'une génération à l'autre et en viennent à constituer des façons toutes faites et familières d'expliquer des problèmes qui, comme l'origine du monde et de l'homme, demeurent encore entiers. Le mythe est le prêt-à-porter du cerveau. Bien des générations avant nous ont entendu parler de Dieu qui a créé le monde en six jours et de l'histoire d'Adam et Ève.

Dans le cas d'Henri, on peut voir comment la mythologie *prévalente* a souvent présidé au déroulement des faits. Et l'histoire est loin d'être terminée. Avec les années, les troubles particulièrement sévères d'opposition de cet enfant non seulement ont persisté, mais ils se sont amplifiés de même que les tensions entre les parents et les spécialistes. La situation devint intolérable pour les parents qui devaient également songer au bien-être de leur autre enfant. Après y avoir mûrement réfléchi et en avoir longuement discuté, les parents en arrivèrent finalement à la conclusion qu'en raison des circonstances particulières de leur famille (et je ne pouvais que les approuver totalement sur ce point), le placement temporaire d'Henri était une solution qu'ils devaient tenter. Entre-temps, d'autres évaluations cognitives avaient été faites au cours des années qui toutes confirmaient le retard mental chez cet enfant. Henri fut donc placé dans un centre recevant des enfants présentant de tels retards. Il y resta deux ans. À plusieurs reprises au cours de ces deux années, la mère m'appela en larmes, dépassée, me disant qu'elle ne pouvait plus tolérer «de se faire fouiller le passé», suivant son expression, de se voir insinuer qu'elle rejetait son enfant, de se faire imposer des thérapies individuelles, de couple et familiales. Elle y montrait une certaine complaisance car elle croyait qu'en s'objectant de quelque manière, le scénario de l'école allait se répéter avec les personnes de l'institution.

Madame réalisait que cette dernière rendait un service nécessaire à sa famille et à son garçon de sorte qu'elle se disait prête à encaisser ce qu'elle dénommait «le baratin des psy», mais, certains jours, alors que la mesure était comble, je ne pouvais qu'admirer sa capacité à affronter l'adversité de circonstances si éprouvantes...

Un jour, à l'urgence de l'hôpital, est arrivée Isabelle, deux ans et demi. La mère, seule avec ses deux enfants et peu d'argent, a l'air totalement épuisée. Elle raconte en pleurant d'abondance qu'elle dort mal depuis trois nuits car Isabelle ne cesse de crier et de se lever la nuit. Elle rapporte des difficultés de longue date avec son enfant. Toute maladie physique a été éliminée par le pédiatre, mais il est clair que l'enfant présente un retard significatif dans son développement : son vocabulaire se limite à deux mots. Les personnes des services communautaires consultées par la mère ont donné une formulation émotionnelle du problème, refusant sa demande de placer son enfant et lui offrant des rencontres destinées à lui montrer comment apporter un meilleur support à sa fille. Ces rencontres devaient débuter le jour même où elle s'est présentée à l'urgence. Comment se fait-il que les personnes des services communautaires ne se sont pas rendu compte de l'état de désarroi de cette mère et de l'urgence pour elle de pouvoir dormir? Il n'y a pas là, bien sûr, mauvaise volonté. Ces personnes étaient très honnêtes dans leur formulation émotionnelle du problème, dans leur recommandation d'une psychothérapie pour aider cette mère. Mais est-il possible qu'elles n'aient pas vu l'état d'épuisement de cette femme? J'ai lu une phrase de Charles Péguy que j'ai toujours retenue : «Voir est facile, mais voir ce que l'on voit est difficile.» Une fois que vous avez adopté une façon de voir les choses, elle devient comme un second réflexe, quelque chose d'automatique qui, comme des œillères, vous empêche souvent de voir ce que vous voyez. C'est la raison pour laquelle il est important de nous interroger régulièrement sur les modèles de compréhension qu'utilise notre cerveau, qui que nous soyons, professionnels ou parents.

Des parents ont eu l'infortune de constater un très sévère retard de développement chez leur fille. À dix-neuf ans, elle ne parle pas, est incapable de s'habiller seule et nécessite une surveillance constante dans toutes ses sorties. Les parents ont décidé de son placement en institution alors qu'elle était âgée de sept ans. Douze ans plus tard, les autorités de l'institution les avisent que leur enfant retournera au foyer, en invoquant la raison que si elle n'avait pas progressé davantage au cours de toutes ces années, c'était précisément parce qu'elle avait été placée en institution. Dans cette optique, on s'attendait à ce qu'un retour au foyer provoque chez elle un déblocage. Nous savons que le développement d'un enfant en institution peut être ralenti si le degré de soin et de stimulation est inadéquat, ce qui n'était pas le cas de cette enfant.

Que faire en tant que parents dans une telle situation? Pas facile! C'est le retour en pleine figure de la mythologie *prévalente* : si votre fille n'est pas plus avancée dans son développement, c'est parce que vous ne l'avez pas gardée à la maison pour lui donner tout le support émotionnel qu'un enfant est en droit de recevoir de ses parents. Amen. Il est important pour les parents de réaliser que la mythologie *prévalente* peut être utilisée pour justifier des décisions administratives (ici la «désins» — pour désinstitutionnalisation — comme on la nomme avec beaucoup trop de familiarité à mon goût).

Lorsque vous êtes dans une situation exceptionnelle, vous en arrivez inévitablement à envisager des décisions qui sont du même ordre, c'est-à-dire des décisions que n'auront pas à envisager la plupart des gens. Dans ces circonstances vos décisions peuvent déranger, et c'est habituellement le cas. En tant que parents d'un enfant présentant un retard important de développement, plusieurs décisions ne vous seront pas faciles : au départ, en raison de la mythologie *prévalente*, s'il y a un problème chez l'enfant, on vous regarde, avec un air soupçonneux. Puis il y a les décisions qui sortent de l'ordinaire. Pensez par exemple à celle concernant la stérilisation : on crée des complications à plusieurs parents qui font cette demande pour leur fille retardée, sous prétexte des droits et libertés de la personne. Je me souviens, il y a quelques années, du rapport d'un colloque qui avait eu lieu à Montréal sur la question de la stérilisation des personnes retardées mentalement. Un sujet à aborder en jouant de l'accordéon avec les mots pour fredonner des airs connus. On reproduisait l'intervention d'un leader religieux qui s'opposait farouchement à l'idée, quel que soit le contexte. À cette même époque, je travaillais comme psychiatre consultant dans une institution où on s'occupait de personnes profondément retardées. La mère d'une jeune adolescente qui résidait à cette institution avait demandé que son enfant soit stérilisée. Panique. On réunit un comité pour examiner la question : le comité a parlé de défense des droits de la personne pour enfin refuser clairement. La mère tenta d'expliquer qu'elle ne voulait pas faire de tort à sa fille, mais la protéger d'une grossesse

éventuelle et se protéger elle-même des complications d'une telle éventualité; à son âge, elle ne
désirait pas élever un autre enfant, car sa fille était
totalement démunie et incapable de prendre soin
d'un bébé; la mère expliqua également qu'émotivement, elle aurait beaucoup de difficulté à voir
cet enfant donné en adoption. On comprit mais on
ne bougea pas; on maintint la décision comme s'il
s'agissait là de raisons abusives et, par conséquent,
de raisons qu'on ne pouvait considérer au nom des
droits de la personne. Et voici l'étirement en accordéon sur les mots : les droits de la personne. Cette
expression est devenue redoutable dans nos sociétés occidentales, une arme puissante dont quelqu'un en position d'infériorité peut se servir pour
se rallier l'opinion publique. La même expression
est appliquée pour désigner à la fois le manque
révoltant de liberté personnelle des populations de
ce qu'on appelait encore récemment le Bloc de
l'Est, pour désigner l'oppression carcérale et la
torture des personnes qui, sous les régimes militaires se sont opposées aux gens en pouvoir, pour
désigner le soi-disant droit d'une personne profondément retardée et, de l'avis de tous, totalement
incapable de prendre soin d'un enfant, d'enfanter.
Il y a dans tout cela un glissement pervers de la
signification des mots qui tient de l'invention de la

réalité dont nous parlions antérieurement. Les droits à la liberté des populations jadis esclaves du Bloc de l'Est et des prisons des régimes militaires sont une chose; les droits à enfanter des femmes sévèrement retardées et incapables de pourvoir à l'éducation d'un enfant en sont une autre. Il semble que nous ayons aujourd'hui étrangement tendance à ignorer le fait que tout droit comporte une responsabilité. Utiliser sans distinction les mêmes mots de droits de la personne dans ces deux contextes est trompeur; malheureusement, on considérera un politicien habile de le faire lorsque pour se gagner des votes il défendra les droits de ces dernières en pointant du doigt l'injustice criante volontairement faite aux premiers en passant sur le pont des mêmes mots. Cela est une réalité fabriquée et habilement mensongère : aucune injustice criante volontairement déterminée n'est à la base du malheur de ces femmes sévèrement retardées. L'existence de personnes qui souffrent de retards importants dans leur développement est un fait de la nature et de l'ordre des choses qui nous dépassent; c'est ce que nous appelons un vrai problème, une réalité non fabriquée sur laquelle nous avons peu de prise pour l'instant, et avec laquelle, pour être honnête, il nous faut composer en tant que tel.

Pour la mère, cela signifie réaliser que si sa fille enfante, elle devra se sentir responsable à l'égard de celle-ci qui ne peut absolument rien faire pour cet enfant, envers un bébé venu au monde dans des conditions défavorables, vis-à-vis d'elle-même pour n'avoir pas prévu et empêché cette naissance. Dans ce contexte, la demande de cette mère est pleine de bon sens et d'honnêteté. Avec les mots et les prêts-à-porter de la pensée, on en arrive curieusement à dire que cette mère est égoïste. Il y a ici un jeu indésirable sur les mots, auquel tous les parents d'enfants sévèrement handicapés sont plus susceptibles d'être exposés à des moments de décisions cruciales.

Lorsque nous ne sommes pas parents d'un enfant démuni (et duquel nous nous sentons le meilleur rempart contre les vicissitudes de la vie) on peut mieux considérer les dures réalités de l'existence, celles qu'on ne peut changer avec les mots, avec une distance calme et raisonnée, dans une atmosphère positive et d'espérance, avec le ton rassurant qui plaît et encourage. Lorsque, au contraire, nous sommes parents d'un enfant présentant des troubles sévères dans son développement, on diffère des autres parents et le prêt-à-porter ne nous va plus. Il nous faut tailler sur mesure, et ne pas compter que ce soit simple. Si nos coupes dérangent, on nous le dira sûrement; et si cela ne suffit pas, on cherchera à nous empêcher de tailler, tout simplement. En clair, ceci veut dire que si vous vous battez pour que votre fille sévèrement retardée soit stérilisée, on vous fera sentir que vous êtes abusifs; si vous refusez d'assister aux trois séances hebdomadaires d'aide spécialisée offertes à votre enfant handicapée parce qu'il faut aussi vous occuper de vos trois autres enfants, on vous fera sentir que vous êtes irresponsables; si vous décidez que le problème de votre enfant n'est pas d'origine émotive et que vous refusez les séances de psychothérapie où on tourne *ad nauseam* autour de vos soidisant blocages émotionnels, on vous fera sentir que vous êtes indifférents; si vous avouez que parfois vous trouvez le prix personnel à payer si lourd que vous désireriez que l'euthanasie soit permise pour ces enfants, on vous fera sentir que vous êtes immoraux; si vous avouez que votre inquiétude est si grande pour le futur de votre enfant que vous désireriez qu'il meure avant vous, on vous dira que vous manquez de courage. Voir les parents de ces enfants se faire ainsi ballotter par les porteurs du prêt-à-porter des valeurs dans notre société a de quoi vous donner des nausées parfois. Si vous n'avez pas compris le contexte de vie exceptionnel de ces parents, vous n'avez pas le droit de les juger avec ces beaux petits raisonnements à la mode qui vous garantissent que vous ne vous ferez pas chauffer les fesses par personne, et qui habilement laissent la balle dans le camp du voisin. Ici, le voisin c'est un parent déjà très durement éprouvé par la vie; lui rendre la vie encore plus difficile à coups de petits arguments bien proprets et bien admis de tous, qui réconfortent tout le monde, mais qui ne font qu'ignorer et écarter son problème, est quelque chose d'indigne.

Devant le même problème, toujours le même mythe: «si les difficultés persistent, c'est qu'il y a de l'émotion mal enlignée quelque part», se dit-on en regardant les parents du coin de l'œil et malheur aux parents qui ne se laissent pas regarder!

Nous sommes en l'an 1090, nous avons un fils qui souffre d'appendicite, nous ne croyons pas à l'efficacité des médecins du Moyen-Âge, mais malheur à nous si notre fils meurt sans que nous ayons appelé le médecin, et accepté la saignée!...

L'espoir à tout prix

Lecteur : Alors ce que vous nous dites finalement, c'est que lorsqu'un enfant souffre d'un trouble important dans son développement, il est inutile de chercher à trouver un vrai spécialiste pour ce genre de problème, car il n'existe pas. Ce qui existe, c'est un grand nombre de spécialistes élus qui eux appuient leur statut et leur action sur le mythe englobant de l'émotion réprimée et les rites qui s'y rattachent, notamment certaines psychothérapies? Est-ce exact?

Auteur: C'est exact.

L: Seriez-vous le soldat qui marque le pas alors que tous les autres sont à contretemps? Voulez-vous dire que tous ces spécialistes élus comme vous les appelez, les psychologues, psychiatres, éducateurs, travailleurs sociaux, orthopédagogues, orthophonistes, etc. sont des gens malhonnêtes? Ces personnes qui possèdent des diplômes de toutes sortes de maisons d'enseignement parmi les plus respectables, seraient dans l'erreur et malhonnêtes?

A: On peut être dans l'erreur sans être bête ou malhonnête. Pendant des siècles les esprits les plus éclairés de cette planète ont cru que le soleil tournait autour de la terre.

Puis-je vous demander si vous avez déjà eu affaire personnellement à ces spécialistes?

L: Pas vraiment, non.

A: Mais alors pourquoi lisez-vous ce volume?

L: Pour me renseigner; ma belle-sœur a ce genre de problème.

A: Et que pense-t-elle des spécialistes?

L: Elle est très satisfaite, et encouragée.

A: Elle les consulte depuis longtemps?

L: Trois à quatre ans.

A: Et quelles sont les difficultés de son enfant?

L: Il est autistique.

A : Est-ce que les progrès dans le développement de l'enfant sont encourageants ?

L : Je crois qu'elle est surtout heureuse de se sentir moins seule dans la tâche d'éducation de cet enfant, mais pour les progrès... après tout ce temps et toutes ces énergies dépensées, même si ma belle-sœur se dit encouragée, je crois personnellement que ce n'est pas très considérable. En fait, je ne vois à peu près pas de progrès, mais je n'ose pas lui avouer cela lorsqu'elle me décrit avec emphase ceux qu'il a faits. En réalité il y a quelque chose qui me contrarie lorsque je l'entends dire que les spécialistes sont satisfaits des progrès. Mais lesquels ? Des pécadilles, pour des heures et des heures et des années de travail; je suis sûr qu'ils disent cela pour encourager ma belle-sœur. Je me suis fait à l'idée que c'était peut-être bien ainsi. L'autre jour, j'ai vu votre volume qui parlait des spécialistes concernés par ce problème. Je l'ai acheté dans l'espoir de mieux comprendre et peut-être de le faire lire à ma belle-sœur. Mais maintenant je n'en suis plus si certain car vous semblez jeter le discrédit sur les spécialistes qui s'occupent de la question et je dois vous dire que depuis qu'elle reçoit l'aide de ces personnes, ma belle-sœur se sent plus épaulée et manifestement moins désarmée vis-à-vis le problème de son enfant.

A: Êtes-vous si convaincu que votre belle-sœur serait découragée par ces idées?

L: Probablement. Il est vrai que je n'oserais jamais aborder une discussion à ce sujet avec elle, de peur précisément de lui enlever les espoirs qui la soutiennent présentement, notamment celui de voir le développement de son enfant devenir normal.

A: À votre avis, votre belle-sœur croit-elle réellement que les spécialistes en arriveront à corriger les importantes difficultés de développement que vous me décrivez chez son enfant?

L: À l'entendre parler des progrès de son enfant, peut-être que oui.

A: Je crois que si vous abordiez franchement cette question avec elle, vous seriez peut-être bien surpris. La grande majorité des parents de tels enfants sont beaucoup plus réalistes à cet égard que vous ne le croyez. Mais on leur donne peu souvent l'occasion de l'exprimer; la discussion est pratiquement toujours orientée vers les progrès et, à cause de cet environnement constamment encourageant, ils se sentent souvent mal à l'aise d'exprimer sereinement leur pensée; ils craignent qu'on les considère comme des rabat-joie et des pessimistes, des personnes qui, par leur attitude négative, favorisent le maintien du problème de développement de leurs enfants.

L: Vous ne croyez pas qu'il y a place pour un espoir réel pour ces enfants ?

A: Il est vrai que, dans l'état actuel des connaissances, la grande majorité des enfants qui ont un trouble dans leur développement, en terme de retard mental important et d'autisme, ne rattraperont jamais les enfants de leur âge. C'est également un fait que la majorité de ces enfants, se situant derrière ceux de leur âge sur cette échelle, continueront à grimper des échelons, à leur rythme. Pour la plupart des parents de tels enfants il est réaliste qu'ils s'attendent à ce qu'un jour ils apprennent de nouveaux mots, maîtrisent de nouveaux gestes, s'intéressent à de nouvelles activités ; mais pour la majorité d'entre eux, espérer que leur enfant rattrapera son niveau normal de développement pour l'âge demeure non réaliste.

Bien que de nombreuses personnes dans notre société s'occupent de ces enfants et soient appelées des spécialistes, aucune d'elles n'est un spécialiste vrai car aucune n'a de connaissances ou des techniques d'intervention spécialisées qui peuvent avoir clairement raison du problème. On a plutôt affaire à des personnes pleines de bonne volonté qui utilisent pour aborder le problème de ces enfants des notions qui sont généralement admises comme vraies à notre époque et des techniques d'intervention généralement basées sur ces mêmes notions. Ce qui compte pour les parents, c'est que de telles personnes existent pour les aider à prendre charge d'un problème qui les inquiète et monopolise leur vie. Si les parents veulent croire que de telles personnes sont des spécialistes vrais, ils le pourront, et pendant longtemps, mais il y a un prix à cette option, celui d'une amertume périodique liée à des situations de déceptions et de conflits inévitables. On l'a vu précédemment, les lois de la réalité non fabriquée sont les seules valables pour régler les problèmes de la réalité non fabriquée. Un enfant qui présente de l'autisme ou un retard mental sévère est une réalité non fabriquée et, pour régler son problème, il faut tenir compte de certaines lois physiologiques du système nerveux. Or présentement, ces lois de la réalité non fabriquée concernant de telles difficultés nous sont très largement inconnues. Le mieux que nous puissions offrir, compte tenu du peu de connaissances que nous avons du cerveau, ce sont des encouragements basés sur des interventions de gros bon sens.

L: Croyez-vous que les spécialistes dont vous parlez vont être d'accord avec vous?

A: Certains d'entre eux, oui, d'autres, j'en suis sûr, s'inscriront en faux. Je crois qu'il est tout aussi impossible de parler de ces choses sans soulever d'émotions qu'il est possible à un chirurgien d'opérer sans couper. Cela doit tenir à la tendance naturelle de notre cerveau à construire les réalités les plus réconfortantes et chargées d'espoir et cela, il va sans dire, dans la mesure où ces réalités ne sont pas facilement contredites par les faits. La distinction entre réalité fabriquée et réalité non fabriquée n'est pas si simple car vous et moi, lorsque nous nous formons une opinion sur quelque chose, nous la fondons sur des faits, donc sur ce qui ne nous apparaît pas du réel fabriqué. Nous croyons ainsi être objectifs dans nos opinions. Cependant, celles-ci sont des réalités fabriquées, c'est-à-dire s'appuyant de quelque manière sur des zones grises de notre connaissance. Nous n'avons plus besoin de nous former d'opinion lorsque les faits parlent d'eux-mêmes. Par exemple, plus personne aujourd'hui ne perd de temps à se faire une idée pour comprendre si c'est la terre qui tourne autour du soleil, ou vice versa : nous le savons. Une opinion, c'est une réalité que nous fabriquons lorsque les connaissances dont nous disposons sur elle sont partielles ou inexistantes. Il est certain que si vous affirmez à un spécialiste de l'autisme et du retard mental que ses concepts et méthodes d'intervention sont largement matière d'opinion, il n'appréciera peut-être pas cela. Pourtant, sauf quelques rares exceptions, il me semble que c'est largement le cas.

L: L'opinion des spécialistes qui ne pensent pas comme vous est plus encourageante pour les parents.

A: Pour l'immédiat, c'est bien évident.

L: Voilà au moins un avantage de leur opinion sur la vôtre.

A: Si, dans l'opinion du spécialiste, la chose qui vous importe le plus est de trouver du réconfort dans un encouragement positif, il est clair que vous avez raison.

L: Qu'est-ce que je pourrais chercher d'autre?

A: Une opinion qui soit la plus éclairée possible sur la nature des difficultés de votre enfant.

L: Est-ce si différent?

A: Très différent. Il est pénible d'avoir à admettre des réalités difficiles, de sorte qu'il y a chez nous comme un mouvement naturel de répulsion vis-à-vis quiconque insiste pour nous faire admettre trop rapidement une telle idée. Il est même considéré comme un peu lâche d'admettre de telles réalités avec facilité, sans «se battre», comme on dit couramment. Dans la foulée de ce réflexe on a tendance à considérer comme ennemis ou non désirables les gens qui nous présentent de telles réalités: on peut dire de ces personnes qu'elles sont allées trop vite, qu'elles n'ont pas examiné à fond mon enfant, qu'elles ne sont pas compétentes, etc. Donc, si dans l'opinion que vous allez chercher chez le spécialiste vous voulez davantage être éclairé sur la nature du problème de votre enfant qu'à être encouragé, vous devez être prêt à entendre des paroles déchirantes. Il se peut, en effet, que nous connaissions beaucoup moins de choses que vous ne le pensiez. C'est donc très différent que de vouloir entendre à tout prix des mots encourageants.

L : Si, de toute manière, la science n'est pas assez avancée et que personne ne dispose de techniques d'intervention qui règlent le problème de façon claire et nette, ne vaut-il pas mieux choisir l'opinion qui demeure la plus encourageante ?

A : Le biologiste français Jean Rostand disait en boutade que le mariage simplifie le quotidien et complique l'existence. Il en va à mon sens de même pour l'option que vous proposez. Les parents dormiront plus rassurés dans les jours et les semaines qui suivront l'entrevue. Cependant, avez-vous pensé qu'un jour cet enfant devra fréquenter l'école ? Le problème avec la réalité non fabriquée, c'est qu'elle trouve toujours ses droits sur toute réalité fabriquée.

L : Je ne vous suis pas très bien!

A : Ces parents-là sont pris par le cœur, pour utiliser une belle expression de ma compagne. Et parce que vous voulez les épargner, vous atténuez les aspects négatifs de la condition de leur enfant et vous donnez une importance indue à des progrès qui au cours des années demeurent lents et limités. Il arrive souvent à ces parents d'être piégés dans un réseau de versions encourageantes des choses tout comme les médecins, les psychologues, les orthophonistes, les psychiatres, les voisins ainsi que les amis et les parents. Pendant des années, les parents vivent dans un système où tout le monde supporte, entretient et nourrit une version encourageante des choses. Donc, en tant que parents, vous vous sentez à peu près constamment tenus à cette vision, et trouvez difficile d'exprimer vos découragements sans vous sentir de quelque manière fautifs. Malheureusement, cela peut créer en vous un tel droit à l'espoir que le jour où on vous annonce que votre enfant sera dans une classe spéciale, vous sentez vos droits de parents lésés et c'est la déception, sinon parfois la guerre.

L : Mais ne croyez-vous pas que les parents doivent défendre les droits de leurs enfants dans le système scolaire?

A: Assurément, là comme ailleurs, et c'est pourquoi il me semble d'autant plus important que les parents conservent leurs énergies. Ils en auront bien besoin pour les «petits» problèmes si importants du quotidien qui doivent être résolus comme, par exemple, se débattre pour que leur enfant bénéficie d'un transport scolaire adéquat afin qu'il puisse être conduit à l'école.

L: Selon vous on ne devrait pas encourager les parents!

A: L'encouragement des parents ne doit pas être le but ultime de l'activité des professionnels avec eux. Je crois qu'une telle attitude à long terme se fait au détriment de l'enfant et des parents. Si, en tant que spécialiste dans ce domaine, vous ne faites jamais le point avec ces derniers sur la question de vos propres limites, n'abordant toujours avec eux que les aspects, si ténus soient-ils, des versions encourageantes, vous laissez la porte ouverte à tout espoir chez eux. Je crois que c'est un mauvais service à rendre aux parents que de les entretenir dans de faux espoirs. Ceci ne veut pas dire qu'il faille être brutal ou généralement pessimiste, mais simplement de ne pas indûment dorer la pilule. L'utilisation des concepts de la mythologie *prévalente* ne sert souvent qu'à dorer la pilule.

La situation de l'expert est simple : devant des parents qui sont inquiets au sujet de leur enfant, émotivement très concernés, il n'a pas la compétence pour leur apporter une réponse claire et satisfaisante sur la nature des problèmes de leur enfant et sur les choses à faire pour le guérir. Il joue le rôle d'un spécialiste désigné et non d'un spécialiste vrai.

Dans leur inquiétude, les parents veulent croire en l'existence d'un expert vrai; ils veulent entendre ce qu'il faut faire pour régler le problème. Tous peuvent saisir qu'une telle attitude est humainement très compréhensible. Donc, au départ il y a une demande pour que l'expert élu se comporte comme un expert vrai. C'est là un problème que l'expert ne peut éviter. Cependant, à l'égard de ses propres limites, il a le choix entre ne pas en parler ou en parler clairement avec les parents.

Il apparaît important pour les parents de réaliser que le spécialiste élu a d'abord un rôle social lié au soutien de l'espoir et que, malgré toute sa bonne volonté, ses connaissances sont insuffisantes pour régler les problèmes de façon satisfaisante. Une fois cela admis, ce qui est loin d'être simple, les parents sont dans une meilleure position pour prendre de bonnes décisions. Ils éviteront entre autres de gaspiller leurs précieuses ressources de temps, d'argent et de disponibilité dans les chimères de la mythologie *prévalente* de l'heure. Ils se donneront également la chance de ne plus vivre sous le joug d'une culpabilité harassante.

De la mythologie *prévalente* à la réalité non fabriquée

Contrairement à ce qu'une certaine logique pourrait nous suggérer, les changements, même lorsqu'ils constituent des progrès, sont très souvent reçus avec méfiance et parfois hostilité. L'histoire de l'humanité est parsemée d'exemples qui illustrent ce fait.

Ignace Philippe Semmelweis (1818-1865) est un médecin hongrois qui avant Pasteur a découvert les règles de l'hygiène médicale. Alors qu'il travaillait à l'une des deux cliniques de maternité de l'Hôpital général de Vienne, il remarqua que dans celle destinée à l'enseignement, la mortalité était quatre fois plus élevée que dans l'autre réservée aux sages-femmes. Il découvrit la clef de l'énigme : un pourcentage appréciable de femmes en couches mouraient des fièvres (fièvres puerpérales) et les médecins et étudiants en médecine les autopsiaient sans aucune mesure d'asepsie, puis allaient, sans autre forme, examiner les femmes en travail, transmettant ainsi la maladie. Dans son service, le Dr Semmelweis exigea que les médecins se conforment à des procédures d'asepsie en se lavant non seulement avec du simple savon mais avec du chlorure de chaux, ce qui eut pour conséquence de faire chuter la mortalité dans son service de 18 à 1,2%. Convaincant n'est-ce pas ? Peut-être pour vous, mais pas pour le patron du Dr Semmelweis, ni pour ses collègues immédiats qui lui devinrent hostiles, ni pour les médecins des milieux étrangers qui ne manifestèrent qu'indifférence. Semmelweis écrivit un livre sur la prophylaxie, ainsi que de longues lettres personnelles aux accoucheurs d'Europe, mais se heurta à la conspiration du silence et à la raillerie.

Dans ce même contexte, il faut citer les difficultés de William Harvey et de Pasteur qui, respectivement, ont découvert la circulation du sang et la vaccination ; de Newton, dans le domaine de la physique qui hésita longtemps, de peur des représailles, à publier ses découvertes; de Galilée, qui fut excommunié pour avoir osé prétendre que la terre tournait autour du soleil. Toutes ces personnes, comme Semmelweis, pouvaient apporter des démonstrations publiques et convaincantes de leurs idées nouvelles; néanmoins, il y eut contre elles de vives réactions. De quelle manière comprendre ce phénomène singulier?

Ces personnes ont en commun d'avoir proposé une nouvelle façon de voir les choses; lorsque vous proposez une nouvelle façon de voir et de comprendre, il va de soi que vous mettiez en péril la manière *prévalente* de voir et de comprendre. Est-ce là quelque chose de menaçant? Il faut croire que oui à en juger par les fréquentes levées de boucliers dans de telles circonstances. Mais comment, par exemple, chacune des personnes concernées dans l'histoire de Semmelweis, se sentait-elle menacée?

Du point de vue des collègues médecins, on peut facilement comprendre. Admettre que Semmelweis a raison, c'est du coup accepter qu'ils aient contribué à la mort d'un pourcentage appréciable de leurs patientes. Ils se trouvent alors dans une situation où leur conscience personnelle et leur réputation professionnelle risquent toutes deux d'être sévèrement ébranlées. Pour éviter cet ébranlement, la solution est simple : il faut que Semmelweis ait tort. Donc, Semmelweis a tort. Ou, pour les médecins qui habitent à l'étranger : «Semmelweis? Connais pas.» Ici, je caricature évidemment. La plupart des médecins de l'époque n'ont pas opéré ce froid calcul logique. De façon plus réaliste, comme c'est l'habitude chez les humains en pareille situation, ils ont réagi en accordant de l'importance à la mythologie *prévalente* et en se disant, bien honnêtement : «Les fièvres, comme chacun le sait depuis Galien, sont causées par des humeurs du corps qui se transforment et non par des germes qui se transmettent comme le raconte ce drôle.» Pour les médecins de l'époque, cette façon de voir est parfaitement légitime puisqu'elle a été celle de générations de médecins avant eux. C'est ce que nous avons précédemment appelé la mythologie *prévalente* de l'époque, et devant la menace de la nouvelle façon de voir, cette mythologie se présente naturellement comme une bouée de sauvetage.

Du point de vue des patientes, les menaces sont aussi bien présentes. Elles ont peur d'accoucher à cause des fièvres puerpérales. Imaginez que vous soyez la patiente du Dr Klein, le grand patron de la clinique qui est hostile à Semmelweis. Le Dr Klein, dont vous avez entendu tellement de bien et

qui vous est si sympathique, insinue confidentiel-
lement quelques faits douteux au sujet du D^r
Semmelweis, tels que : «Personne ne peut vérifier
ses résultats...», «Certains de ses étudiants m'ont
dit qu'il exagérait ses chiffres...» ou, plus directement, «Vous savez, il est un peu fou le pauvre.»
Par ailleurs, d'autres personnes insistent sur le fait
que les patientes du Dr Semmelweis meurent en
beaucoup moins grand nombre que les patientes du
Dr Klein. Qui a raison? Allez-vous accepter de
vous faire accoucher par le Dr Klein ou plutôt
changer de médecin et aller vers le Dr Semmelweis
malgré ce que certains en disent? De quel côté se
situe pour vous l'espoir d'un meilleur accouchement?

Vous avez choisi le Dr Klein parce que vos amis
et parents vous en ont parlé en bien, parce que vous
lui avez accordé votre confiance. Selon les personnes importantes de votre entourage et sa réputation, il est une valeur sûre, de sorte que l'idée
d'un changement de médecin est menaçante.

Du point de vue de la société en général, soit des
gens qui ne sont pas directement concernés par le
problème, mais dont l'opinion constitue à la longue
ce que nous appelons l'opinion publique, on observe, en même temps que l'attrait du merveilleux,
une certaine méfiance à l'égard de cette soudaine

nouveauté. Pourquoi? Sans doute parce que cette société, comme toutes les sociétés, a une longue habitude des marchands de bonheur, de ces individus qui avec leurs mots créent des solutions attrayantes aux problèmes de l'heure et réussissent, par leur habileté, à vous vendre cette réalité qu'ils ont ainsi fabriquée.

Finalement, à troquer cette nouvelle façon de voir et de penser contre l'ancienne, chacune des personnes concernées dans cette histoire craint de voir ses espoirs déçus. Pour les médecins, c'est l'espoir d'avoir une bonne estime de soi et une bonne clientèle; pour les patientes, celui de se placer entre les meilleures mains possible pour leur accouchement; pour le bon peuple, celui de se faire rassurer à tout prix... et les gens qui ont une bonne réputation sont les plus sûrs.

La levée de boucliers est donc alimentée par les espoirs déçus des nombreuses personnes qui, par habitude admise, se servent, sans trop s'interroger, des façons *prévalente*s de voir et de penser. Pour simplifier, il faut ignorer le fait un peu compliqué que la représentation du monde que se fait le cerveau humain procède de mythologie en mythologie, chacune d'elles s'approchant davantage en principe de ce que nous avons appelé la réalité non fabriquée, et voir tout simplement que progresser veut dire passer de la mythologie *prévalente* à la réalité non fabriquée. Ainsi, ce passage s'accompagne toujours d'un choc car il brise invariablement des espoirs auxquels plusieurs personnes ont accroché leurs rêves.

Tout ceci s'applique totalement pour les personnes impliquées dans la mythologie *prévalente* de 1990 concernant les enfants qui ont un trouble important dans leur développement. Passer de la mythologie *prévalente* à la réalité non fabriquée s'accompagnera donc d'un choc, d'une menace pour plusieurs personnes, dont les parents de ces enfants. Ils ont suspendu à cette mythologie l'espoir qu'un jour leur enfant se développerait normalement. Le jour où on leur dit que leur espoir repose sur une mythologie, il y a un choc. C'est une tâche difficile d'avoir à détruire de tels mythes avec des parents qui n'ont pas été gâtés par la vie. C'est pourquoi, en tant que spécialiste (le fait d'être spécialiste élu n'a ici aucune importance), il est nécessaire de se poser les deux questions suivantes: premièrement, est-ce nécessaire et avantageux de dire une telle chose? Et deuxièmement, si oui, comment le faire?

Est-ce nécessaire et avantageux? En effet, si un spécialiste est élu, c'est qu'il est incompétent pour régler de façon efficace le problème pour lequel vous venez le consulter. Dans une telle situation, la mythologie *prévalente*, en l'occurrence l'idée que le problème résulte d'un blocage affectif et qu'il puisse être résolu par son déblocage, ne fait de mal à personne et présente l'avantage d'offrir cet espoir dont nous avons tous besoin dans des moments difficiles. Alors pourquoi détruire cette source d'espoir. N'y a-t-il pas là un pieux mensonge que nous devrions accepter dans de telles conditions?

Ce qui m'apparaît un pieux mensonge est acceptable pour un médecin du Moyen-Âge face aux parents d'un enfant qui va mourir d'une appendicite aiguë, mais je ne parviens pas à me convaincre que ce mensonge le soit pour ceux d'un enfant qui présente un trouble important dans son développement en 1990. Il y a dans ces deux situations une différence aussi importante que celle entre le pilote dont l'avion s'écrase parce qu'il a perdu une aile et celui dont l'avion s'écrase à cause d'une fausse manœuvre qui a précipité son appareil dans un état de décrochage. La différence est énorme.

Un avion ne peut pas voler sans ailes. S'il les perd, son pilote passe automatiquement du statut de pilote à celui de passager candidat au cimetière. Si un pilote, dans une telle situation, veut se conter des histoires sur son avenir, je ne peux personnellement que l'encourager et espérer qu'il y parviendra car il ne lui reste que quelques minutes à vivre. Quelle que soit l'histoire qu'il se raconte, cette dernière n'altérera pas de façon significative le reste de sa vie. En d'autres mots, il n'y aura pour lui aucune conséquence fâcheuse à cette histoire, au contraire, peut-être facilitera-t-elle ses dernières minutes de vie. Le médecin et les parents de 1090 qui ne comprennent absolument rien à ce qui se passe chez cet enfant dépérissant à vue d'œil, se trouvent dans la même situation que ce pilote. Je suis d'accord avec les pieux mensonges qui ne nuisent pas et peuvent adoucir la vie. Ce sont des réalités que notre esprit fabrique pour nous aider à composer, entre autres, avec des réalités non fabriquées difficiles à vivre, inchangeables et parfois désespérantes. Et pourquoi pas? Dans nombre de circonstances désagréables et moins tragiques nous agissons ainsi régulièrement avec nos enfants pour leur faciliter et leur enchanter l'existence, et nos parents l'ont fait avec nous. Il n'y a pas de mauvaises conséquences à cela.

Dans le cas du deuxième pilote, les deux ailes de son avion sont intactes mais il est en chute libre en raison d'un décrochage. L'aile est la partie de l'avion qui vole, mais cela se produit en autant que l'air la frappe sur l'avant à une vitesse suffisante.

À une vitesse inférieure (dite vitesse de décrochage), l'aile ne vole plus, l'avion décroche, c'est-à-dire tombe comme une roche, et le pilote devient à nouveau passager. Il n'y a apparemment pas beaucoup de différence entre ces deux pilotes, me direz-vous, si ce n'est qu'ils sont subitement devenus des passagers dans des avions qui s'écrasent. Apparemment seulement.

Tous deux sont en chute libre. Le premier n'y peut rien mais le deuxième y peut quelque chose, car il existe des manœuvres pour se sortir d'un décrochage en avion. Les facteurs déterminant que les situations de ces deux pilotes sont très différentes sont les lois de la physique elle-même. Un avion sans ailes se comporte irrémédiablement comme une roche, alors qu'un appareil aux ailes intactes peut sortir d'une situation de décrochage à condition de regagner de la vitesse, laquelle redonne le contrôle de l'engin à son pilote. Les lois de la physique sont des lois que nous, humains, n'avons pas inventées; ce sont des rapports fondamentaux qui existent entre les choses indépendamment de notre volonté. Il s'agit de réalités que notre cerveau n'a pas fabriquées; si le deuxième pilote connaît ces lois et sait les utiliser à son avantage, il pourra prévenir la chute de son appareil. Voilà pourquoi il ne doit pas se conter d'histoires.

La situation des parents dont nous parlons ressemble davantage à celle du deuxième pilote qu'à celle du premier et nous n'avons pas le droit en tant que professionnel de leur conter des histoires, et ce, même dans les cas où les enfants présentent un retard important et où les espoirs de progrès significatifs sont presque vains. Si déchirante soit la situation de leur enfant, il convient de toujours se rappeler que les parents ont une vie à vivre pour eux-mêmes et pour d'autres personnes que leur enfant handicapé. Et même s'ils décident de consacrer leur vie entière à leur enfant, ce que certains font, ils doivent pouvoir se ressourcer afin de continuer cette tâche si exigeante. Si ce n'est pour cette seule raison, les parents ne sont pas les passagers d'un avion sans ailes. Ils ont à prendre des décisions dans une réalité qui n'est pas le produit de leur cerveau et, pour être efficaces, ils doivent tenir compte des lois de cette réalité.

Il est du devoir des spécialistes concernés de donner, autant que possible, l'heure juste. Les parents de ces enfants ont à vivre dans la vraie réalité, non dans celle que l'on fabrique. Les lois de la réalité non fabriquée répondent à celles de la réalité non fabriquée : il n'y a pas d'autre issue. Lorsque ces parents ont à prendre des décisions relativement à leur vie de couple (et Dieu sait si la présence d'un enfant handicapé peut mettre un couple en péril), à leur vie de famille (on doit également s'occuper des autres enfants), à la vie scolaire de leur enfant, etc., ces décisions seront d'autant plus justes et efficaces que ces parents auront à leur esprit une image des déficits de leur enfant correspondant à la réalité de ces retards en dehors des constructions trop fortement inspirées par la mythologie *prévalente*. Il est du devoir de tout spécialiste dans ce domaine de ne pas prendre l'habitude de truquer les réalités, de les manipuler pour le soi-disant bien-être des parents, de jouer de l'accordéon avec les mots.

Dans un tel contexte, «raconter des histoires» fait référence à toutes les positions qui sont généralement des insinuations plutôt que des affirmations nettes (ce qui apparaît plus pernicieux) à l'effet que votre enfant a un trouble important dans son développement parce que :

— vous, la mère, ne lui avez pas parlé lorsque vous le portiez dans votre ventre;

— vous, la mère, ne l'avez pas accepté comme il était, et qu'il s'est retiré dans son propre monde, et est devenu autistique;

— vous, les parents, ne l'avez pas encouragé à se traîner à quatre pattes l'empêchant ainsi de vivre (le mot est populaire) une phase importante dans son développement;

— vous, les parents, avez nourri une haine in-consciente à l'égard de votre enfant (il faut réaliser qu'avec une telle formulation, vous n'avez plus aucune chance ; qui que vous soyez, où que vous soyez, c'est un verdict sans appel. Il ne vous reste strictement rien pour plaider quoi que ce soit ; vous vous retrouvez dans la position d'un ver nu face à l'infini... à moins que vous ayez le bon réflexe d'un éclat de rire) ;

— vous n'avez pas assez aimé votre enfant ;

— vous aimez votre enfant, mais vous l'aimez mal ;

— vous avez, madame, trop nourri votre enfant au sein gauche et pas assez au droit (ne riez pas, je ne l'ai pas inventé ; je connais des mères à qui des spécialistes ont dit cela).

«Voilà justement ce qui fait que votre fille est muette», pour rappeler Molière. Vous pouvez rallonger à l'infini cette liste de folies. Ce qui m'étonne, c'est qu'il y a encore beaucoup trop de gens pour y être sensibles. Et ici, je ne parle pas principalement des parents. La plupart d'entre eux, jeunes, insisteront pour suspendre leurs espoirs à ces crochets de la mythologie *prévalente* ; cepen-dant, malgré leur peine, la grande majorité des pa-rents en arrivera à accepter la réalité de leur enfant telle qu'elle est. Mais il y a toute la kyrielle de spécialistes qui, pour la plupart, passeront de façon transitoire dans la vie de ces parents et de ces enfants, et qui insisteront également pour accrocher leurs espoirs à la mythologie *prévalente* de l'heure. Nous l'avons vu dans l'histoire d'Henri. Ces personnes prennent des décisions pour que votre enfant soit admis à l'hôpital, ou à l'école, ou encore en institution; votre enfant et vous avez besoin de l'aide de ces organismes et il est courant de voir les personnes qui prennent de telles décisions de service insister pour structurer leur relation avec vous suivant les lignes de la mythologie *prévalente*. Que vous soyez ou non d'accord avec celle-ci, vous ne pouvez en éviter le contact. Si vous ne voulez pas vous plier à cette façon de comprendre, vous aurez peut-être peur pour votre enfant. La situation n'est pas facile, même si tous sont de bonne volonté. C'est pourquoi il m'apparaît tellement important de parler aux parents de la mythologie *prévalente*, afin qu'ils comprennent, qu'ils soient mieux armés et qu'ils ne perdent pas confiance en eux.

Mais comment parler aux parents de la mythologie *prévalente*? Il n'est pas particulièrement plaisant de faire ce travail. Vous savez que vous vous adressez à des parents qui ont été durement éprouvés et qui émotivement ont à accepter quelque chose de fort douloureux, à savoir que leur enfant présente un retard très sérieux dans son développement. Ils viennent vous voir avec espoir. Souvent, non seulement ne le leur donnez-vous pas, mais vous leur enlevez ce sur quoi ils l'accrochent. Si vous allez de l'avant dans une telle situation, c'est parce que vous êtes convaincus qu'il en sera finalement à leur avantage. Néanmoins, ce n'est pas là un travail que vous abordez de façon cavalière, même si, j'en suis certain, les premières fois, les parents recevront vos paroles de manière brutale.

Cette situation des parents présente quelque chose de singulièrement commun avec celle de cet élève-pilote qui, par un beau matin, s'est envolé d'un aéroport de New York pour un vol solo. Moins de trois minutes après son décollage il communique en panique avec la tour de contrôle pour dire qu'il est perdu dans les nuages, qu'il ne voit plus le sol et qu'il a besoin d'aide. Le contrôleur tente de l'apaiser, lui rappelle les conseils de base pour la conduite de son appareil (afin qu'il évite le décrochage!), et régulièrement lui demande de regarder en bas et de lui dire ce qu'il voit : «Rien, toujours des nuages», de répéter inlassablement l'élève. Entre-temps, un instructeur quitte l'aéroport à bord d'un autre appareil, retrace rapidement l'élève-pilote : il fait de grands cercles au-dessus d'un des points de repère visuels le plus important de cette région, le port de la marine de guerre américaine. Les immenses navires sont tous là, bien visibles, à travers les nombreuses trouées dans les cumulus. Pourquoi l'élève ne les voit-il pas? Parce qu'il est paniqué.

Lorsque nous sommes sous le coup d'une émotion forte, nous pouvons très bien ne pas voir ce que nous voyons comme nous pouvons très bien ne pas entendre ce que nous entendons. Les parents d'enfants handicapés qui s'adressent à moi en tant que médecin, ou lisent ce volume, sont fort probablement, surtout s'il s'agit de jeunes parents, sous le coup d'une émotion forte. Ce désarroi, c'est leur enfant, c'est ce qu'on va penser et ce qu'on va dire de leur enfant. Et lorsqu'on est sous le coup d'une émotion forte, on est, malgré toute notre bonne volonté, très enclin à ne pas voir ce que l'on voit, à ne pas entendre ce que l'on entend et à ne pas lire ce que l'on lit. Pour cette raison il n'y a pas de place ici pour les gestes brusques, seulement des gestes lents, comme pour désamorcer une bombe, car la bombe, c'est la peur qu'ont les parents de se faire dire que leur enfant a un retard qu'il maintiendra toute sa vie. Quelle que soit la façon dont on s'y prend pour le dire, les parents auront toujours l'impression de l'éclatement d'une bombe car il s'agit d'une réalité brutale en soi.

Dans de telles circonstances j'ai souvent en tête l'image d'un chirurgien qui ne peut aider son patient sans le couper, sans lui faire mal. Mais j'envie mes confrères chirurgiens de pouvoir compter sur l'effet de bonnes substances anesthésiques pendant qu'ils font leur travail; il n'y a pas de bonnes anesthésies pour la réalité, si douloureuse soit-elle, lorsque pour continuer à prendre de bonnes décisions il faut précisément que les parents maintiennent le contact avec celle-ci. Il me semble que ce soit là la situation dans laquelle se trouvent tous les parents d'enfants handicapés et j'estime qu'il faut éviter de se transformer en marchand de bonheur ou les encourager à tort. Nous vivons aujourd'hui dans un monde où nous disposons de moyens puissants pour fabriquer du réel : les journaux, la radio, la télévision. De quel côté aller pour vendre? Du côté de la réalité désirée, il va de soi. Les marchands de bonheur sont des personnes qui par définition veulent nous faire croire que si l'on achète leur camelote (la réalité est quelque chose qui se vend) nos désirs vont se réaliser. C'est une des lois premières de la vente de taire les aspects désagréables et faire reluire les aspects agréables du produit. Lorsqu'on parle de l'autisme, par exemple, dans les médias écrits ou parlés, on a une tendance marquée à relever les cas qui ont le mieux évolué, ou encore des aspects chez un individu qui apparaissent les plus étonnants. On ne donne pas souvent l'heure juste, on biaise du côté de la version encourageante ou sensationnelle des choses. Les vendeurs taisent systématiquement les côtés grisâtres de leur produit. Cette toile de fond d'attente générale vers l'aspect positif ou théâtral, a des conséquences à long terme peu souhaitables pour les parents d'enfants handicapés, spécialement les jeunes parents qui doivent s'adapter d'emblée à cette dure réalité.

Cette heure de vérité est toujours compliquée. Mettre de côté la mythologie *prévalente* est quelque chose qui n'est ni facile à comprendre pour un parent pris par le cœur, ni facile à expliquer par un spécialiste qui, en dépit de toute sa bonne volonté, est dépassé par la nature du problème. On pourrait objecter que des adultes de bonne volonté devraient pouvoir s'entendre, en discutant clairement. Les choses sont-elles si simples? Revenons au Moyen-Âge.

Votre enfant gémit dans les tourments d'une appendicite aiguë, vous êtes morts d'inquiétude, désespérés, profondément angoissés. Vous appelez le médecin au chevet de votre enfant. Pourquoi le faites-vous venir? Pour qu'il règle un problème qui vous dépasse et pour qu'il vous rassure dans votre désespoir. Si vous étiez en 1990, vos attentes seraient totalement justifiées et réalistes, car vous auriez affaire à un spécialiste vrai. Mais, vous êtes en 1090. Le médecin examine votre enfant et vous dit: «J'ai vu plusieurs enfants souffrir de cette maladie. Je ne la comprends pas et je ne comprends pas pourquoi votre enfant en souffre. Il est habituel de pratiquer des saignées dans de tels cas, mais je dois vous avouer franchement que je ne crois pas beaucoup à la valeur curative d'une telle manœuvre. Pour être parfaitement honnête avec vous, je ne connais aucun remède à cette maladie; certains enfants s'en tirent pour des raisons qu'à la vérité j'ignore totalement.»

Voici un spécialiste qui est parfaitement honnête. Mais vous ne pourrez vous empêcher de demander: «Avons-nous vraiment affaire à quelqu'un de compétent?» Et la réponse vous est toute donnée: manifestement non puisqu'il avoue lui-même son incompétence. Mais alors, vous direz-vous voyant votre fils en train de mourir, «pourquoi se dit-il spécialiste cet imposteur?» Et votre réflexe ne sera-t-il pas dans une telle circonstance de faire appel à un «vrai spécialiste», un spécialiste qui, lui, dit qu'il sait et agit en conséquence?

Et voilà ce qui se passe lorsqu'un soi-disant spécialiste avoue honnêtement son ignorance dans une situation où des parents angoissés de 1090 l'appellent au chevet de leur enfant souffrant d'appendicite aiguë. Cette situation entre des parents angoissés et un spécialiste ignorant n'est absolument pas propice à un dialogue de compréhension. Elle est trop émotive entre vous qui désespérez de trouver une réponse à la douleur de votre enfant et ce spécialiste qui se sait dépassé par l'immensité du problème que vous lui confiez. Elle est trop émotive pour que vous acceptiez de l'entendre vous dire qu'il ne connaît pas grand-chose. Elle est trop émotive pour que vous vous demandiez calmement si de vrais spécialistes existent réellement pour ce genre de problème.

Alors? Alors on peut comprendre parfaitement — et il ne faut pas vous en vouloir pour l'avoir fait à quelques reprises —, qu'en sortant de son bureau, vous vous regardiez d'un air déçu et complice et affirmiez que le spécialiste que vous venez de quitter ne connaît rien et qu'il faille aller en voir un autre. Les importantes difficultés de votre enfant constituent une réalité qui n'a pas besoin de notre cerveau pour se tenir debout; ces réalités non fabriquées ont des lois contre le jeu desquelles nous ne pouvons rien lorsque nous ignorons encore ce

qu'elles sont. Le fait de fabriquer sur cette ignorance une réalité qui nourrit l'espoir peut vous
conduire à prendre, dans des circonstances importantes pour vous et votre famille, des décisions sur
la base de chimères, avec tout ce que cela peut
comporter d'indésirable. Ce choc du passage de la
mythologie *prévalente* à la réalité non fabriquée, si
difficile soit-il, ne doit pas être évité.

Il y a chez la plupart des enfants dont nous parlons des espoirs de progrès qui seront lents au cours
des années, mais réels. Il n'y a pas, à l'heure
actuelle, chez la majorité de ces enfants, de possi-
bilité de rattrapage à un niveau normal de développement pour l'âge. Il y a surtout, si les parents ne
perdent pas leurs précieuses énergies à maintenir
des réalités fabriquées envers et contre tous, la
perspective de meilleures décisions en ce qui concerne l'enfant malade, le couple, les enfants en
santé dans la famille. Si l'on considère les effets
bienfaisants d'une telle attitude sur l'ensemble de
la situation familiale, il devient impératif de ne pas
se raconter d'histoires. Le problème demeure encore sans solution satisfaisante et il sera toujours
décevant pour les parents et les spécialistes d'avoir
à admettre ce fait. Cependant, je ne peux me résoudre à conter des histoires aux parents; si je le
faisais, j'aurais la certitude de leur rendre un très

mauvais service et de leur enlever toute chance de prendre avantage, dans leur malheur, de ces aspects de leur existence sur lesquels ils peuvent avoir une action réelle pour le plus grand profit de leur enfant handicapé, de leur couple et de leurs autres enfants.

L'espoir réel... car il existe

Nous sommes en 1090. Voir des enfants et des adultes mourir dans les chaleurs est un spectacle coutumier et désolant. Année après année, on revoit les mêmes cortèges, charriant toujours les mêmes angoisses. Il y a toujours eu au cours des siècles des spécialistes pour s'occuper de ces problèmes et nous, citoyens de 1090, avons toujours eu recours à eux lorsque nos proches ou nous-mêmes étions saisis des fièvres. Mais au fond de nous-mêmes, nous savons bien que ceux-ci ne sont pas très compétents et que leur rôle véritable est davantage d'entretenir nos espoirs vacillants et de tromper nos appréhensions. En arriverons-nous un jour à guérir les enfants et les adultes qui meurent des fièvres, nous demandons-nous.

Aujourd'hui, confortablement installés dans notre 1990, la réponse à cette question nous apparaît évidente. Nos enfants ne meurent plus des infections courantes, ni nos populations de la peste. Pasteur a découvert l'existence des microbes et Fleming les antibiotiques. À cet égard, nous sommes loin des dures réalités de 1090. Mais avant Pasteur et Fleming, c'était le noir le plus total. En 1090, nous sommes à la merci des destins imprévisibles et menaçants des fièvres.

Existe-t-il en 1090 une réponse optimiste à la question posée, une réelle lueur d'espoir nous permettant de croire qu'on en arrivera prochainement à pouvoir guérir les fièvres? Nous savons aujourd'hui que nous devons posséder de nombreuses connaissances pour répondre de façon optimiste à cette question : il faut avoir une idée, si faible soit-elle, que ces fièvres sont causées par des organismes si petits qu'on ne les voit pas à l'œil nu; pour les identifier nous devons disposer de microscopes; pour les combattre quelqu'un a dû observer que certaines substances les éliminent et, surtout, découvrir la façon de transformer ces dernières en composés stables et utilisables (rappelons en effet qu'après la découverte de la pénicilline par Fleming, il a fallu une période de douze ans, le travail de plusieurs autres chercheurs et beaucoup d'argent investi pour en arriver à une forme stable et utilisable de la pénicilline).

En 1090 la science médicale est dans un état lamentable; le peu de connaissances anatomiques et physiologiques acquises depuis l'Antiquité a été perdu dans cette longue période d'hibernation moyenâgeuse de la pensée occidentale. Face à la maladie nous retournons aux superstitions, aux formules magiques, aux litanies. Saint Bernard ne défendait-il pas à ses moines de prendre des remèdes : en cas de maladie, ils devaient prier.

Les connaissances acquises permettant de donner une réponse encourageante à notre question étaient à toute fin pratique nulles. Est-ce dire que les femmes et les hommes de ce temps ne se posaient pas cette question et qu'ils ne tentaient pas d'y apporter une réponse?

Bien sûr que non. Le cerveau humain, une machine infatigable à fabriquer de la réalité, ne se laisse pas déconcerter pour autant. Il se choisit un style général de fabrication, entre l'optimisme et le pessimisme, et va de l'avant. La mode est aux démons, le cerveau construit des modèles-à-démons.

Par exemple, la mortalité infantile était très élevée au Moyen-Âge et il nous est aujourd'hui très curieux de constater que saint Augustin, un homme d'une grande intelligence, expliquait ce phénomène en disant que le démon préférait les nouveau-nés. Les modèles-à-démons étaient généralement acceptés par tous les cerveaux du Moyen-Âge pour conjurer la peur des inconnus, surtout des inconnus menaçants tels que la peste, la lèpre, etc.

Ainsi, il y a fort à parier qu'en demandant à un homme de 1090 s'il y avait de l'espoir qu'un jour on viendrait à bout de ces maux, il vous aurait répondu dans la logique d'un modèle-à-démon: «Oui, lorsque les hommes cesseront de pécher et prieront Dieu.» Aujourd'hui il s'agit d'une réponse naïve. Mais c'est une explication basée sur une réalité fabriquée par le cerveau de l'homme (les démons) pour expliquer une réalité non fabriquée (la maladie) sur laquelle l'homme n'a aucun contrôle. Le manque de contrôle est précisément le genre de circonstances où le cerveau humain devient le plus fébrile pour créer de la réalité. Notre cerveau ne semble pas pouvoir tolérer le vide de l'inconnu: là où il ne voit pas de réalité claire, il en crée une. Or c'est précisément dans ce contexte-là que j'aborderai la recherche et les chercheurs.

Quelle est la différence entre le cerveau d'une personne qui fait de la recherche et celui d'une personne qui n'en fait pas? Dans les deux cas les cerveaux fabriquent de la réalité; dans les deux cas les réalités ainsi fabriquées sont tenues pour correspondre au réel; dans les deux cas, on fonde sur ces modèles l'espoir d'une action efficace sur le réel. Somme toute, on peut dire qu'il y a peu de différence entre l'activité du cerveau d'une personne qui s'adonne à la recherche scientifique et celle d'une personne qui n'en fait pas. Néanmoins, il y en a une et elle réside dans une question d'attitude.

Les chercheurs sont des personnes obstinées qui ont insisté pour faire de leur obstination une profession : ils sont constamment obsédés par l'idée qu'il faut trouver des moyens, toujours meilleurs, de vérifier si leur modèle de la réalité correspond véritablement à celle-ci. C'est grâce à l'obsession de tels cerveaux que l'humanité s'est vu révéler l'existence des microbes et de la pénicilline, et qu'elle a acquis un pouvoir nouveau sur la matière. Dans cette optique, ce n'est pas à cause des prières, des litanies et des potions magiques que l'homme a réussi à éliminer le fléau des grandes infections sur terre, mais à cause de l'effort soutenu et patient, au cours des siècles, du cerveau de plusieurs humains; ces personnes ont travaillé dans le but d'en arriver à créer des modèles de la réalité dont les lois correspondent le plus possible aux lois de ce que nous avons précédemment appelé la réalité non fabriquée. Un chercheur est une personne qui s'acharne à créer, avec des images et de la logique, des modèles de plus en plus satisfaisants du réel, à la manière d'un artiste qui s'acharne à créer, avec des lignes, des couleurs, des gestes ou des sons, des modèles de plus en plus satisfaisants de beauté. En ce sens, on peut, de façon imagée, définir un véritable chercheur comme un artiste de la réalité non fabriquée.

Quant aux enfants présentant un trouble important dans leur développement, il va de soi que nous utilisons des modèles fabriqués par notre cerveau pour comprendre ce genre de problème important. Mais la plupart de ceux-ci n'ont pas été construits en fonction des exigences de la méthode scientifique. C'est là une affirmation qui surprendra certaines personnes. Ces modèles sont largement basés sur l'idée d'un blocage ou d'un traumatisme affectif. Dire que ces modèles ont été fabriqués en dehors des exigences de la méthode scientifique ne signifie pas qu'ils ne sont pas logiques. En fait, ces modèles sont logiques, voire très logiques, ce qui explique leur grand attrait. Pour être accepté par un grand nombre de personnes pendant tant de décennies, un modèle se doit de ne pas heurter les lois de la logique. C'est là une condition première de sa popularité. Pour construire un modèle de la réalité, le cerveau sain utilise, pour assembler les différents éléments de sa construction, une colle que l'on appelle la logique. En d'autres mots, la logique est au cerveau ce que la colle est aux différentes pièces dans le montage d'un modèle réduit d'avion; sans elle, tout s'écroule et plus rien ne tient. Donc, tout modèle d'explication populaire, à savoir largement utilisé et résistant à l'usure du temps, offre nécessairement un aspect logique.

Mais il y a un problème avec la logique, qui découle du fait que plusieurs personnes confondent ce qui est logique avec ce qui est vrai. Il est important de réaliser qu'une idée peut être très logique et complètement fausse. Par exemple, il est logique, en voyant toujours le soleil se lever à l'est et se coucher à l'ouest, de bâtir un modèle de réalité où c'est le soleil qui tourne autour de la terre. Ce modèle a été adopté par la grande majorité des cerveaux de l'humanité pendant des siècles. Il est courant d'observer que certaines personnes, pour tenter de prouver qu'une idée est vraie, entreprennent de nous démontrer qu'elle est logique. Faire cela c'est comme aller en sens inverse de la circulation sur une autoroute : toute chose vraie est logique, mais toute chose qui semble logique n'est pas nécessairement vraie. La question fondamentale que doit se poser un homme ou une femme de science est «est-ce que cette idée est vraie?» plutôt que «est-ce que cette idée est logique?» Conséquemment, ce n'est pas parce que le modèle du blocage affectif est logique et attirant qu'il est vrai mais, en l'absence de connaissance sur les lois de la réalité non fabriquée concernant les difficultés de développement de l'humain, ce modèle a joué et joue encore souvent le rôle qu'au Moyen-Âge le modèle des démons a eu vis-à-vis des fièvres.

Les hommes et femmes de science sont des personnes dont le cerveau invente des modèles de la réalité de même que des moyens (obéissant aux principes de la méthode scientifique) de vérifier jusqu'à quel point ces modèles concordent avec la réalité non fabriquée. L'idée est simple sur papier mais, en vérité, d'une complexité que n'imagine pas la grande majorité des gens.

Acquérir de nouvelles connaissances signifie réussir à projeter de la lumière sur l'ombre. Pour y parvenir, il faut décider comment bâtir notre modèle, comment construire dans notre tête la réalité que nous essayons de comprendre (par exemple l'autisme chez l'enfant), comment vérifier la concordance entre notre modèle et la réalité non fabriquée. Ces tâches sont si complexes que nous avons avantage à nous appuyer sur des faits observés, qui ne sont pas le produit de notre imagination. C'est là où votre coopération nous est essentielle lorsque nous parlons des enfants ayant des difficultés importantes dans leur développement, car nous devons aller chercher ces faits chez ceux dont nous tentons de comprendre les problèmes.

Ici se pose l'équation «recherche = cobaye». En effet, il est courant, à l'idée de participation à un projet de recherche, de penser immédiatement à cet animal utilisé en laboratoire et qui en est venu à symboliser la position désagréablement passive et potentiellement dangereuse à laquelle se soumettent les participants à un projet de recherche. Que vous soyez sur une certaine défensive lorsqu'on veut impliquer votre propre enfant dans un projet de recherche est chose normale. Que vous soyez défensif au point de dire non à tout, prétextant que vous ne permettrez pas que votre enfant soit pris comme cobaye, constitue une attitude trop draconienne. Il est important de réaliser que l'espoir réel d'une solution est du côté de la recherche et que, sans votre aide, les chercheurs pourront difficilement vous aider. Nous avons besoin de vous pour que puisse se réaliser ce qui a été fait dans le cas de la maladie de Parkinson, par exemple. Là comme ailleurs, le bon sens doit toujours primer. Vous devez poser toutes les questions relativement à la nature de la recherche, à ce qui est demandé à votre enfant et à vous-même; vous devez aussi juger si, dans les circonstances qui sont les vôtres et celles de votre enfant, cette participation a du bon sens. Il est peut-être raisonnable de refuser, mais ne concluez pas par un refus de façon trop hâtive. Interrogez-vous et questionnez les personnes concernées sur l'importance de cette recherche, sur ses risques éventuels, pour vous et votre enfant (plusieurs recherches ne comportent aucun risque).

La question que posent souvent les parents devant une telle demande est : «Quel bénéfice mon enfant retirera-t-il de prendre part à cette recherche? » À quelques exceptions près, la réponse précise est que votre enfant a peu de chances de bénéficier des découvertes directes qui résulteront de cette recherche. Vous pouvez alors décider qu'à cause de cela votre enfant ne participera pas. Si c'est là votre unique raison de vous en exempter, vous devriez reconsidérer votre décision.

Je ne plaide pas ici en faveur du fait que les parents devraient le plus souvent accepter une telle participation. Il y a des circonstances où les parents doivent définitivement s'objecter dans le but de protéger leur enfant. Par exemple, dans certains milieux, spécialement là où il y a une université, la sollicitation à des projets de recherche peut être grande et il est clair qu'un choix doit être fait. Autre exemple, votre enfant souffre d'une condition rare qui fait qu'à chaque consultation médicale, on tend à le soumettre à toute une batterie d'examens dans le but de faire une exploration clinique fouillée chaque fois renouvelée : en tant que parents vous devez vous informer de l'utilité réelle de telles investigations, spécialement si elles impliquent des manœuvres traumatiques pour votre enfant.

L'idée que je considère capitale ici et dont il me semble important de nous souvenir en pareilles circonstances, est qu'à l'égard de notre ignorance, la recherche constitue le seul espoir réel. Parce que la nature ne livre pas facilement ses secrets, la recherche est malheureusement un processus lent; votre participation ou celle de votre enfant a donc très peu de chances de résulter en une découverte profitable pour vous ou l'enfant dans l'immédiat. Si tous les patients ou les parents de patients ne donnent leur assentiment qu'en fonction de leur bénéfice immédiat, une bonne partie de la recherche clinique médicale est tout simplement vouée à l'échec. Il est important d'y réfléchir. Vous pouvez, aujourd'hui, en tant que citoyen de 1990, profiter de plusieurs traitements médicaux efficaces parce que, dans le passé, certaines personnes ont accepté de participer à des projets de recherche sachant fort bien qu'elles avaient peu de chances de jouir des découvertes directes de ces projets. Dans cette situation désespérée où se trouvent plusieurs parents et enfants, en raison de notre manque de connaissance, on doit se rappeler qu'un espoir réel existe et qu'il est du côté de la recherche sérieuse.

Épilogue

Je veux ici m'adresser plus particulièrement aux parents d'enfants présentant un trouble important dans leur développement. Au cours des quinze dernières années de ma vie professionnelle, j'ai rencontré plusieurs d'entre eux, et je me suis retrouvé dans les situations les plus diverses qui soient. Ce sont ces parents qui m'ont inspiré ce livre et c'est pour eux que je l'ai écrit. J'aimerais leur parler ici plus directement de certains sujets.

Plusieurs parents, surtout lors des premières consultations, n'osent pas demander les choses de façon claire. Peut-être sont-ils gênés et embarrassés de le faire, ou désirent-ils se protéger encore un peu contre les réalités qu'ils appréhendent. Si la gêne est en cause, ils doivent absolument saisir l'importance qu'il y a d'adresser aux spécialistes toutes les questions qui leur viennent à l'esprit ; ils ne devraient pas hésiter à les écrire. S'il s'agit de la crainte, ils ont parfaitement le droit d'en venir aux questions claires au moment qui leur convient.

Ils ne doivent pas hésiter non plus à les poser à plusieurs reprises au même spécialiste au cours de visites différentes, car cette personne devra comprendre leur situation bien particulière. En fait, les parents sont comme cet élève-pilote perdu dans les nuages au-dessus de la région de New York. Quand nous sommes dans une situation émotivement difficile, il est normal de ne pas saisir tout à fait correctement les réponses et de répéter les questions. Les spécialistes consultés doivent comprendre cela et les parents n'ont aucune excuse à faire pour poser plusieurs fois les mêmes questions aux mêmes personnes.

Quelles questions poser ? Absolument toutes celles qui viennent à l'esprit et auxquelles on accorde de l'importance, même celles qui ont un air de tabou. À cause de la gêne ou de la crainte, on n'osera pas formuler certaines questions, spécialement celles qui relèvent de la mythologie *prévalente.* Ces quelques questions peuvent servir d'exemples :

— Considérez-vous que mes attitudes en tant que parent ont quelque chose à voir dans le fait que mon enfant soit autistique ?

— Croyez-vous qu'un blocage affectif peut occasionner chez un enfant un retard mental ou de l'autisme ?

— Avec le traitement que vous proposez, quelles chances a mon enfant de rattraper le niveau de développement des enfants de son âge ?

La situation des parents qui ont un enfant présentant un trouble important dans son développement apparaît si complexe et si lourde de conséquences qu'il est difficile de parler succintement des choses qui sont importantes à aborder.

Il convient d'abord de faire une investigation médicale et développementale qui soit la plus complète possible ; de réfléchir ensuite sérieusement sur le fait que les parents se trouvent dans une situation où, de façon générale, ils sont susceptibles de rencontrer des personnes dans leur entourage qui leur serviront une formulation émotionnelle du problème ; enfin, d'utiliser le gros bon sens pour décider des choses qui s'imposent pour l'enfant et pour eux-mêmes dans les circonstances.

Investigation médicale et développementale

L'investigation médicale est importante car il s'agit à la base d'un problème médical. Lorsque nous sommes en présence d'un enfant qui présente un trouble important dans son développement, je suis convaincu que nous avons affaire à un enfant dont le système nerveux est atteint. Où et comment sont les questions auxquelles nous ne pouvons généralement pas répondre de façon satisfaisante pour l'instant en raison du manque de développement de nos moyens d'investigation, tout comme c'était le cas pour la maladie de Parkinson il y a plusieurs décennies. Le système nerveux est un organe d'une inimaginable complexité. Par exemple, le nombre de cellules nerveuses (appelées neurones) dans un cerveau humain est de l'ordre de 100 billions. Chacun de ces neurones établit entre 1 000 et 10 000 connexions avec les autres neurones. À l'intérieur d'un cerveau humain, il existe plus de connexions entre les neurones qu'il y a présentement de corps célestes recensés dans tout l'univers. La complexité de cet organe est telle que la moitié de tous nos gènes actifs, c'est-à-dire 50 000 sur 100 000, sert à déterminer des structures qui appartiennent au systène nerveux central.

Alors comment évaluer si tout fonctionne bien dans ce système si complexe d'un enfant qui accuse un trouble de développement important? Essentiellement, par les informations recueillies de trois sources : l'histoire médicale, l'examen médical et neurologique et les résultats de différents tests évaluant des fonctions sous la dépendance du système nerveux. Présentement, — et il est important que vous le sachiez — ces trois sources ne peuvent nous fournir que des renseignements très rudimentaires sur ce qui se passe dans le cerveau. Aussi lorsque nous avons affaire à une atteinte fine et discrète du système nerveux, nous sommes incapables de l'identifier au moyen de ces informations. Notre science n'étant tout simplement pas assez avancée, ces sources ne nous révèlent aucun déficit chez un nombre important d'enfants qui présentent un trouble significatif dans leur développement. «Tout est normal.»

Donc, nos moyens d'investigation de cet organe complexe qu'est le cerveau demeurent, malgré les noms impressionnants de nos tests, très élémentaires. À toute fin pratique cela signifie qu'à l'égard de l'exploration du cerveau humain, nous sommes comme un éléphant dans un champ de fraises, que nos moyens manquent grandement de raffinement et que lorsque les troubles ne sont pas grossiers, nous passons tout simplement à côté. Pour utiliser une autre image, nous sommes comme un pêcheur de sardine qui utilise des filets à saumon : les mailles sont trop grosses et nous ne capturons pas les anomalies que nous cherchons.

Cet état de chose a une implication importante ; lorsque les résultats des investigations médicales et neurologiques chez un enfant sont normaux, ceci ne veut pas dire que son cerveau soit nécessairement normal. La normalité de l'investigation neurologique chez les enfants qui ont un retard de développement ne traduit souvent que les limites importantes de nos moyens d'investigation actuels. Cette remarque porte à conséquence lorsque nous parlons des enfants qui présentent des retards graves dans leur développement. Chez eux, on ne peut conclure, comme cela a été trop souvent le cas dans le passé, que la cause du déficit est fort probablement psychologique, puisque l'investigation neurologique est normale. Logique d'une certaine manière, mais faux. Cette logique souffre de cécité. Même si nous ne pouvons pas identifier le lieu et la nature du déficit dans le cerveau, nous voyons aujourd'hui s'accumuler sur la scène de la recherche plusieurs évidences directes d'une atteinte du cerveau dans le cas de ces enfants.

L'investigation complète de l'enfant doit être réalisée par une équipe de médecins et d'autres professionnels. En plus de l'évaluation médicale standard, une attention particulière devra être portée aux aspects suivants.

Chez tous les enfants qui présentent un retard dans le développement de leur langage, l'évaluation régulière des fonctions auditives par l'audiologiste est capitale jusqu'au moment où nous pouvons obtenir des résultats fiables. Nous voulons savoir non seulement si l'enfant entend, mais comment il entend. Pour obtenir une réponse satisfaisante à cette dernière question, nous avons besoin de la coopération de l'enfant. Le problème est qu'en bas âge, il est incapable de nous donner cette coopération. Nous pouvons et devons essayer d'obtenir une réponse approximative à cette importante question, même si nous n'aurons de réponse satisfaisante que le jour où il pourra coopérer. De là la nécessité d'examens répétés.

Par ailleurs, l'intelligence est un des facteurs les plus importants de l'adaptation de l'être humain à son environnement. Nous mesurons celle-ci au moyen de tests qui nous permettent de comparer la performance d'un individu à certaines tâches cognitives à celles d'un grand ensemble d'individus. Depuis quelques années, il n'est pas populaire de parler d'intelligence, surtout chez les enfants qui ont des difficultés dans leur développement. Lorsque ce mot est prononcé, nous sentons un réflexe de défense dans l'entourage. Pourtant, ce mot est précieux et on doit apprendre à l'utiliser en dehors des connotations affectives menaçantes auxquelles on a pris l'habitude de l'associer. Ce mot fait référence aux aptitudes d'une personne à comprendre et à connaître. Ces aptitudes sont très largement déterminées à la fois par des facteurs génétiques et d'intégrité de fonctionnement du système nerveux central. Chez l'enfant qui présente d'importants problèmes dans le développement de son langage, il est capital d'évaluer l'intelligence car il se peut que ses capacités cognitives soient intactes même en présence d'un retard important de langage. Cependant, nous nous retrouvons devant le même problème que pour l'évaluation de l'audition : la fiabilité des résultats repose sur la collaboration du sujet. Nous procéderons alors de la même manière, c'est-à-dire en utilisant des tests qui nous fourniront une idée globale des capacités de l'enfant, puis nous répéterons les évaluations jusqu'au jour où, si cela arrive, nous pourrons obtenir de lui un degré satisfaisant de coopération. La façon dont nous nous y prenons pour obtenir une idée globale des capacités cognitives lorsque la coopération de la personne est difficile à obtenir, consiste à évaluer ce que nous appelons le comportement d'adaptation. Ceci fait référence à la façon dont un jeune enfant s'adapte aux différentes situations de la vie quotidienne normale, l'idée de base étant qu'un enfant présentant un retard dans son développement cognitif aura également un retard au niveau des comportements d'adaptation. Dans une telle circonstance, nous poserons une série de questions aux parents sur les manières d'agir et de réagir de l'enfant dans les situations de la vie de tous les jours.

D'autre part, il est possible et primordial d'évaluer le niveau de développement du langage de tels enfants. L'orthophoniste peut le faire, à l'aide d'instruments appropriés; il devient important de distinguer entre les troubles des aspects expressifs et réceptifs du langage. On doit évaluer, non seulement le degré de retard s'il y en a un, mais les caractéristiques de la communication de l'enfant, à la fois sur les plans verbal et non verbal.

Enfin la génétique a marqué des progrès sans précédent avec l'avènement de la génétique moléculaire, progrès qui nous laissent un espoir réaliste de trouver, à moyen terme, une forme de solution aux problèmes des maladies dont nous parlons. Nous savons que, dans plusieurs cas, les troubles importants du développement chez l'enfant sont sous-tendus par des facteurs génétiques. Même si nous ignorons encore dans quelle proportion exacte de cas, c'est là un aspect sur lequel nous posons souvent des questions. Conséquemment, les parents sont de plus en plus susceptibles de subir un questionnaire concernant leur arbre généalogique. Certains ont l'impression d'être mis au banc des accusés. Mais il faut comprendre que pour la très grande majorité des cas, la génétique est comme la loterie, c'est-à-dire que le jeu du facteur génétique, s'il est présent, leur était complètement imprévisible. Il s'agit d'un coup de dé. Certains parents sont chanceux, d'autres ne le sont pas : ces derniers ne doivent pas se sentir coupables des résultats du hasard.

Même si toutes ces investigations ne font pas découvrir la source du problème, elles sont néanmoins importantes car les résultats fournissent des jalons précieux sur le parcours du développement de l'enfant, lesquels permettront dans quelques années d'évaluer son rythme de progrès avec plus de justesse.

Formulation émotionnelle

Vous comprenez maintenant quelle importance j'accorde à la formulation émotionnelle du problème de votre enfant. Les parents la rencontreront sans doute à plusieurs reprises et à divers titres dans leur entourage. La formulation émotionnelle du problème est une arme à double tranchant. Plusieurs personnes y accrochent leurs espoirs, mais le prix est trop élevé. La vie impose à plusieurs d'entre nous des situations difficiles face auxquelles ce que nous pouvons faire demeure limité. Nier ces limites débouche inévitablement sur d'amères déceptions. Les accepter, sans les exagérer et sans les minimiser, semble une attitude d'esprit désirable car elle donne l'espoir que toutes les décisions prises à l'égard de l'enfant malade, du couple et de la famille, quelles qu'elles soient, auront des assises plus stables. L'espoir qui est offert par la mythologie *prévalente* est trompeur comme un chant de sirène et conduit inévitablement à un naufrage.

Le bons sens

Je vous ai exposé mon opinion personnelle. D'autres personnes, aussi diplômées que je puis l'être, exprimeront des opinions différentes. Laquelle choisir?

Une chose est sûre : les parents ne verront pas le Père Noël leur faire le cadeau de la réalité non fabriquée. Un jour, dans le futur, un chercheur découvrira quelques réalités non fabriquées qui aideront grandement notre cerveau à choisir les bons matériaux pour construire son modèle de réalité. D'ici là, il appartient aux parents de regarder, d'interroger, d'écouter, et de former leur propre opinion. Cette situation n'est ni facile, ni confortable mais le fait de réaliser qu'elle est ainsi, constitue, à long terme, un atout précieux.

Récemment, la mère d'une enfant répondant aux critères actuels de l'autisme, m'exprimait la difficulté qu'ont les parents de se faire une idée à partir de toutes ces formulations différentes et souvent contradictoires du problème de leur enfant. Remarque fréquente chez les parents. Quelques mois auparavant, dans les services cliniques d'un hôpital important d'une autre ville, son enfant avait été diagnostiquée comme étant audi-muette; on avait formellement et catégoriquement exclu l'autisme. Par conséquent, elle s'interrogeait sur notre propre diagnostic d'autisme. Elle considérait également avec une certaine méfiance notre suggestion d'intégrer sa fille à notre centre de jour pour enfants autistiques.

Les parents sont rapidement dans une situation impossible devant des spécialistes qui divergent d'opinion; il ne faut pas espérer trop de lumière d'une confrontation par le raisonnement. On assistera à une bataille d'écoles où les arguments s'empilent inutilement les uns sur les autres. La solution ? Lorsque les parents doivent prendre des décisions pour leur enfant, telle la fréquentation d'un centre de jour pour enfants autistiques, ils peuvent interroger les parents qui sont dans la même situation, leur demander une seconde opinion... et décider suivant leur bon sens pour une période définie : six mois, un an, puis réévaluer, ce laps de temps passé. Gardez toutes les options ouvertes à votre bon sens. En procédant ainsi, les parents acquerront, au fil du temps, une confiance salutaire dans la façon de formuler leur problème. Ce que la science peut leur offrir est très limité : beaucoup plus de beaux mots que de connaissances. Ils doivent apprendre à vivre avec les problèmes de leur enfant, les limites de la science et les tenants de la mythologie *prévalente*. C'est la conclusion à laquelle le gros bon sens les conduira un jour ou l'autre. Dans ces circonstances difficiles, il reste aux parents à aimer, entourer et protéger leur enfant en tentant, de leur mieux, de ne pas laisser son problème étouffer leur propre existence ou celle des autres personnes de leur famille. Il n'y a pas de recette pour y parvenir. La façon dépend d'eux et exigera, quelle qu'elle soit, du courage.

Nous sommes en 1090... ou presque.

Bibliographie

Cabanès. *Mœurs intimes du passé*, Albin Michel, Paris, 1931.

Haggard, Howard W. *Devils, Drugs and Doctors*, Cardinal Edition, New York, 1954.

Walker, Kenneth. *La Grande Aventure de la médecine*, Éditions Gérard et Co. Verviers, Belgique, 1956.

Watzlawick, Paul. *How Real Is Real*, Vintage Books Edition, New York, 1977.

Cet ouvrage a été imprimé
sur un papier recyclé contenant
des fibres désencrées.

Achevé   Imprimerie
d'imprimer Gagné Ltée
au Canada Louiseville